Здравствуйте! Если Вы держите это пособие в руках, значит Вы уже неплохо владеете русским языком и готовы сдать тест OPI. В этой части учебника мы постараемся сфокусироваться на таких темах как здравоохранение, контроль над огнестрельным оружием, старение населения и свобода слова, освоение космоса, ИИ и оборона.

Ваша задача – изучить материал из первой части каждого раздела и использовать его для практики. Обратите внимание на вторую часть каждой главы: отвечая на вопросы, старайтесь использовать языковые средства и фразеологизмы в вашей речи. Лексика, основные тезисы и интересные факты помогут Вам выстроить более логичные и полные ответы. Удачи на экзамене!

Hello! If you are holding this manual, it means that you already have a good command of the Russian language and are ready to take the OPI test. In this part of the textbook, we will focus on topics such as Health, Gun Control, Aging Population and Freedom of Speech, Space Exploration, AI, and Defense.

Your task is to study the material from the first part of each chapter and use it for speaking practice. Pay attention to the second part of each chapter: when answering questions, try to use language tools and idioms in your speech. Vocabulary, main theses, and interesting facts will help you build more logical and complete answers. Good luck on the exam!

**** А знаете ли Вы, что на обложке учебника – фотография двух скал **«Два брата»** в Японском море, на Дальнем Востоке России? Согласно легенде, эти скалы на самом деле являются воплощением братьев Ивана и Степана, которые сильно любили свою сестру Марью и отдали за нее свои жизни в битве с драконом. Самую первую фотографию уникального природного явления сделал Владимир Арсеньев – русский путешественник, географ, исследователь Дальнего Востока России. Возраст скал «Два брата» – примерно 60 миллионов лет, рядом со скалами – риф с уникальным подводным миром.*

CONTENTS

Тема 1: ЗДРАВООХРАНЕНИЕ 3
    1.1 Подготовка к говорению. 3
    1.2 Ready, Set, Speak! ЗДРАВООХРАНЕНИЕ. 19

Тема 2: КОНТРОЛЬ НАД ОРУЖИЕМ 23
    2.1 Подготовка к говорению. 23
    2.2 Ready, Set, Speak! КОНТРОЛЬ НАД ОРУЖИЕМ 28

Тема 3: СТАРЕНИЕ НАСЕЛЕНИЕ 31
    3.1 Подготовка к говорению. 31
    3.2 Ready, Set, Speak! СТАРЕНИЕ НАСЕЛЕНИЯ. 44

Тема 4: СВОБОДА СЛОВА 47
    4.1 Подготовка к говорению. 47
    4.2 Ready, Set, Speak! СВОБОДА СЛОВА. 59

Тема 5. ОСВОЕНИЕ КОСМОСА 62
    5.1 Подготовка к говорению. 62
    5.2 Ready, Set, Speak! ОСВОЕНИЕ КОСМОСА. 69

Тема 6. ИСКУССТВЕННЫЙ ИНТЕЛЛЕКТ 72
    6.1 Подготовка к говорению. 72
    6.2 Ready, Set, Speak! ИСКУССТВЕННЫЙ ИНТЕЛЛЕКТ. 89

Тема 7. ОБОРОНА И БЕЗОПАСНОСТЬ. 92
    7.1 Подготовка к говорению. 92
    7.2 Ready, Set, Speak! ОБОРОНА И БЕЗОПАСНОСТЬ. 111

ИСТОЧНИКИ 115

Аудио и видео материалы к учебному пособию 117

Тема 1: ЗДРАВООХРАНЕНИЕ

1.1 Подготовка к говорению.

Изучите материал.

Задание 1. Послушайте и прочитайте тексты, выделите основные тезисы. Сравните ситуацию в России и Вашей стране.

ГОЛИКОВА: В РОССИИ ОТ 35 ДО 45 МЛН ЧЕЛОВЕК СТРАДАЮТ ОЖИРЕНИЕМ.

Вице-премьер Татьяна Голикова напомнила, что Минздрав РФ должен до 1 июля текущего года разработать дорожную карту по борьбе с ожирением у детей и подростков, соответствующее поручение было дано осенью 2021 года.

«Еще 21 сентября 2021 года Совет вам давал поручение разработать дорожную карту по борьбе с ожирением у детей и подростков. Вы ее не разработали», — цитирует РИА Новости ее слова, сказанные на заседании Совета при правительстве по вопросам попечительства в социальной сфере в среду.

По данным статистики, ожирением в стране страдают от 35 до 45 млн человек. Однако в 2022 году лишь 3 млн человек обратились к медикам по вопросам здорового образа жизни, а 3,4 млн получили индивидуальные паспорта здоровья.

Голикова назвала такой результат работы Минздрава плачевным и напомнила, что дорожная карта по борьбе с ожирением у детей и подростков должна быть разработана в срок.

Ранее Международное агентство по изучению рака сообщило, что ожирение может вызывать 13 видов рака..

Источник: https://aif.ru/society/healthcare/golikova_v_rossii_ot_35_do_45_mln_chelovek_stradayut_ozhireniem

ВКАЛЫВАЮТ РОБОТЫ. КОГДА В КАЖДОЙ ПОЛИКЛИНИКЕ БУДЕТ ИСКУССТВЕННЫЙ ИНТЕЛЛЕКТ?

На внедрение новой технологии обычно требуется 7-8 лет. Достаточно ли этого времени будет для ИИ, чтобы он стал привычным и для врачей, и для пациентов?

Рассказывает главный внештатный специалист по лучевой и инструментальной диагностике Минздрава, заместитель директора по научной работе НИИ клинической и экспериментальной радиологии НМИЦ онкологии им. Н. Н. Блохина, профессор Игорь Тюрин.

— Первые системные эксперименты по использованию ИИ в медицине начались в 2016-2018 гг. Пандемия коронавирусной инфекции значительно ускорила этот процесс. Сейчас, по сути, идут «полевые испытания» того, что врачам предоставляют математики, программисты, физики, инженеры. Врачи должны пробовать и решать — что действительно нужно, а что — не обязательно.

Законченным продуктом ИИ может не стать довольно долго, он будет стремительно развиваться. Например, компьютерный томограф появился в арсенале врачей в 1972 году. Но эта технология развивается и совершенствуется до сих пор, как и другие методы визуализации. Несмотря на то, что в организме почти не осталось «уголков», в которые не могли бы заглянуть врачи.

Источник: https://aif.ru/health/life/vkalyvayut_roboty_kogda_v_kazhdoy_poliklinike_budet_iskusstvennyy_intellekt

МОДЕЛЬ НА ВЫРОСТ: КАК ИЗМЕНИТСЯ ЗДРАВООХРАНЕНИЕ ПОСЛЕ ПАНДЕМИИ COVID-19.

Постковидное здравоохранение уже не будет прежним. Когда угроза новой коронавирусной инфекции отойдет на второй план, модель организации отрасли претерпит серьезные изменения. Не ясно, когда это произойдет в России.

Почему перемены неизбежны.

Прогнозы о предстоящей смене модели здравоохранения периодически появляются в англоязычных отраслевых изданиях, но гораздо реже — в России. Принимаемые отечественным Минздравом решения, как правило, консервативны.

Хотя системы здравоохранения в разных странах различны, вызовы для всех одни: дефицит финансирования и кадров, новые потребности пациентов в лечении по месту жительства и необходимость тотального применения цифровых технологий. Общемировой тренд — мобильность организационных форм и методов оказания медицинской помощи, изменение способов ее оплаты, внедрение искусственного интеллекта.

В России, как и во многих странах, хронически не хватает врачей. Не решены и другие застарелые проблемы отрасли. Например, если федеральные медцентры в последние годы активно оснащались новым оборудованием, то поликлиники этот процесс затронул меньше. В паспорте федерального проекта «Модернизация первичного звена здравоохранения» указана доля оборудования со сроком эксплуатации более 10 лет в амбулаторных учреждениях. Даже в Москве и Петербурге она достигает 22—25%, в девяти субъектах — более 40%, а в Нижегородской, Саратовской, Ульяновской областях и еще пяти регионах — более 50%. Это означает превышение предельного срока эксплуатации (для сложного медоборудования он обычно составляет 5—7 лет) и невозможность заменить снятые с производства комплектующие.

Ресурсов не хватает даже здравоохранению развитых стран, а имеющиеся средства часто тратятся неэффективно. Поэтому пересматриваются финансовые основы оказания медпомощи.

Прежде клиникам в США платили за количество оказанных услуг, причем каждая из них оплачивалась отдельно, независимо от результатов лечения. Это побуждало медиков проводить больше тестов и процедур и вести больше пациентов.

Около пяти лет назад центры страхового здравоохранения решили изменить положение дел и предложили новые способы расчетов. Теперь платежи связаны с качеством медпомощи, сокращением повторных госпитализаций, использованием медицинского программного обеспечения и улучшением профилактики. Одним из вариантов стали «пакетные выплаты» клинике сразу за всю помощь, предоставленную пациенту на каком-либо этапе лечения, даже если в процесс было вовлечено несколько врачей. Отдельных платежей хирургу, анестезиологу и лечащему врачу больше не будет.

Хотя системы здравоохранения в разных странах различны, вызовы для всех одни: дефицит финансирования и кадров, новые потребности пациентов в лечении по месту жительства и необходимость тотального применения цифровых технологий. Общемировой тренд — мобильность организационных форм и методов оказания медицинской помощи, изменение способов ее оплаты, внедрение искусственного интеллекта.

Пандемия COVID-19 стимулирует перемены в финансировании для медучреждений. Доходы американских стационаров выросли в 2021 году на 9,9% к 2020 году, доходы амбулаторного звена — на 11,1%, но лишь за счет экстраординарного притока пациентов. Иначе часть медучреждений, вероятно, не свела бы концы с концами. Клиникам приходится нести дополнительные расходы по оплате труда, чтобы удержать персонал.

Все большую распространенность получает такая форма оказания медпомощи, как госпиталь на дому. В последние два года к ней обратились 84 крупных госпиталя США (из более 6 тыс.).

Целями программы заявлены сокращение продолжительности пребывания в больницах и частоты повторных госпитализаций, затрат на стационарное лечение, уменьшение потребности в больничных койках.

В феврале 2022 года член Экспертного совета Госдумы по охране здоровья по редким (орфанным) заболеваниям Наталья Смирнова заявила, что стационары на дому не отвечают задачам адекватного оказания медпомощи. По ее словам, врач вынужден консультировать пациента без оплаты этой работы. В результате фактически происходит самолечение: больные получают рецептурные препараты и системы для их внутривенного введения — а дальше предоставлены сами себе: за их состоянием и приемом лекарств никто не следит, происходит бесконтрольная смена дозировок. Удаленный мониторинг в домашних условиях пока существует лишь в планах: проект «Персональные медицинские помощники» Центр Алмазова и Роснано планируют начать только в 2022 году, и пока как пилотный.

Источник: https://medvestnik.ru/content/articles/Model-na-vyrost-kak-izmenitsya-zdravoohranenie-posle-pandemii-COVID-19.html?ysclid=littz1x8l232948007

Задание 2. Послушайте и прочитайте текст. Ответьте на вопросы.

СОМНЕНИЯ ПОСТФАКТУМ: ПОСЛЕ ОКОНЧАНИЯ ПАНДЕМИИ ВОЗ ПРИЗНАЛА ВРЕД ПРИВИВОК ОТ КОВИДА.

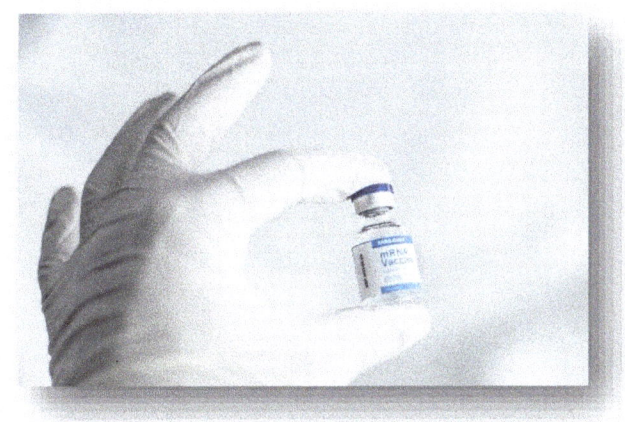

Коронавирус из жизни людей никуда не уйдет, говорят ученые и ВОЗ. Однако вопрос о том, прививаться или нет, вновь обсуждается в мире. Долгое время качество вакцин и побочные явления от прививок были табу. Теперь и официальная медицина признает, что они есть.

Всемирная организация здравоохранения изменила рекомендации по вакцинации от ковида. Прививки для детей отменяются, больше трех раз прививаться не стоит никому, и вообще — прививки показаны для рисковых групп населения, а не для всех подряд. Вслед за ВОЗ обновили свои требования и национальные службы. В Швейцарии, например, Федеральное управление общественного здравоохранения сообщило, что не будет выпускать никаких рекомендаций, а всю ответственность за вакцинирование переложила на самих врачей: если врач посчитает нужным, то тогда прививку делать нужно, но и отвечать за это решение будет он сам.

Прививка может быть сделана «только в том случае, если лечащий врач считает ее показанной с медицинской точки зрения в соответствующей эпидемиологической ситуации в конкретном случае, если ожидается временно усиленная защита от серьезного заболевания, и последняя доза вакцины была сделана не менее 6 месяцев назад», указывает Швейцарская комиссия по вакцинации.

Означает ли это конец вакцинации?

Побочные явления от вакцинации против ковида.

С самого начала пандемии тема побочных явлений после прививки была полностью под запретом. Власти почти всех стран мира отмахивались от противников вакцинации и сомневающихся, как от назойливых мух. Стандартный ответ был такой: да, «побочки» есть, но они незначительны, идите и прививайтесь, иначе пострадают все вокруг. Когда люди страдали от «длинного ковида», а таких насчитывается до 5% от всех заболевших, они получали поддержку и сочувствие и от властей, и от страховок, и от сограждан.

Ольга Матвеева — врач-вирусолог, работает как в России, так и в США. Она говорит, что проблемы со здоровьем у заболевших этой формой ковида могут длиться годами:

- Национальный Институт Здравоохранения США (NIH) объявили об выделении более миллиарда долларов для финансирования исследований этого странного длинного COVID. Кроме того, администрация направила в Конгресс запрос на дополнительное финансирование для поддержки исследований причин возникновения осложнений и поиска эффективного лечения.

Сходные симптомы как при лонг-ковиде наблюдаются и у некоторых пациентов, перенесших вакцинацию. Однако им нужно еще доказать, что их нездоровье связано с тем, что они сделали прививку. Если они высказывали сомнения о пользе вакцинации, на них обрушивались все вместе — и власти, и журналисты, и возмущенные сограждане. Между тем, в немецком институте вирусологии имени Пауля Эрлаха известно о 333 тысячах случаев побочных явлений после вакцинации. Это означает, что на 1000 доз вакцины возникают 1,78 случая побочных реакций и 5 серьезных случаев - на 20000 доз вакцины.

Самым известным последствием от прививок, произведенных компаниями Johnson & Johnson/Janssen и AstraZeneca, стали тромбозы. Вакцина Спутник тоже создана на аденовирусной платформе, поэтому исключать возникновение тромбов после Спутника тоже нельзя. Беда в том, что данных в открытом доступе в нашей стране нет. Американский Центр по контролю и профилактике заболеваний сообщил о 6 случаях среди более чем 6 миллионов человек, привитых вакциной COVID-19 от Johnson & Johnson/Janssen. Однако есть более серьезные осложнения, рассказывает вирусолог:

- Есть и другое редкое и крайне опасно осложнение, так называемый Синдро́м Гийе́на — Барре́ (СГБ, острый полирадикулоневрит). Этот синдром могут провоцировать сами вирусные инфекции (COVID-19 тоже) и, к сожалению, вакцинация, в том числе, и против COVID-19. В научной литературе описано несколько случаев возникновения этого синдрома после ковидной вакцинации, но к конкретной вакцинной платформе возникновение синдрома привязать не удалось. Исследователи пишут, что частота возникновения синдрома примерно 14 случаев на миллион вакцинаций.

В России известны как минимум 2 случая синдрома. В одном из них у молодого человека через неделю после вакцинации начали сначала отниматься ноги, а потом паралич распространился по всему телу. Опасность этой болезни в том, что если паралич дойдет до легких, человек не сможет дышать и умрет. Этот синдром настолько редкий, что врачи не могут его даже распознать

Сейчас ситуация медленно, но меняется. Во многих странах созданы реестры пострадавших от антиковидных прививок – в США, в Германии, в России.

Что не так с вакцинами от коронавируса.

В тех же рекомендациях Всемирной организации здравоохранения не рекомендуется использовать вакцину, направленную против Альфа- и Дельта-вариантов. Теперь если вакцинация проводится, следует использовать препараты против Омикрона. В этом большая проблема с вакцинами – вирус мутирует так быстро, что старые прививки просто перестают действовать. Летом 2021 года в Москве была страшная эпидемия, болели 300 тысяч человек. Вакцина уже была, но вирусологи боялись, что она не будет действовать на Дельту. К счастью, этого не произошло. Однако когда пришел Омикрон, действие вакцины заметно снизилось.

Современные вакцины защищают очень короткое время, и это факт. В Швейцарии есть информация, что неиспользованными остались 26 миллионов доз, которые скоро будут никому не нужны. При стоимости одной дозы в 30 швейцарских франков в помойку выбросили полмиллиарда франков. Вряд ли ситуация в других странах чем-то отличается от богатой Швейцарии.

У вакцин есть еще один существенный недостаток: они защищают не от самой болезни, а от тяжелой формы и смерти, говорят вирусологи. Ольга Матвеева говорит:

- Нужны назальные вакцины: это значит закапал в нос, и вакцина выстроила защиту от вируса прямо в носу и в горле. То есть, вирус даже войти в организм не сможет. С современными вакцинами не так: вирус войти может, только поревзиться – распространиться по организму ему труднее. Нужно закрыть ему вход. Была информация, что Спутник разработан в виде назальной вакцины. Увы, была ли такая вакцина эффективной, мы не знаем. Не каждая вакцина, которую закапываешь в нос, может хорошо защищать. К тому же, сейчас вирус уже поменял обличье, и нужен новый вариант защитной вакцины.

Фарминдустрия, власть и ответственность.

Взаимоотношения между фармацевтическими компаниями и государствами прозрачными не назовешь. Например, все контракты Евросоюза и с Пфайзером, и с

Модерной, которые выпускают самые распространенные в Европе РНК-вые препараты, строго засекречены. Известны только общие цифры – сколько доз было заказано. Через два года после начала пандемии выяснилось, что эти концерны посреди эпидемии Дельты-вируса решили повысить цены за дозу. Так, препарат Пфайзера стоил 9 евро, а стал 19. Модерна вообще подняла цену до 29 евро.

Просто так засудить фармгиганты, например, из-за побочных явлений, тоже не получится. В Европе нужно подавать иск к государству, а не, например, к Пфайзеру. В США американское правительство создало особый фонд, из которого выплачиваются максимум 250 тысяч долларов, если будет доказано, что заболевание стало следствием прививки.

СМИ все чаще сообщают о пострадавших от прививок, и их путь получить и необходимое лечение, и компенсацию за причиненный их здоровью ущерб долог и труден.

Саша Шварц привился от короны прививкой Astra-Zeneca еще в марте 2021 года, пишет DW, и второй раз Пфайзером. После этого тот, молодой и бодрый Саша исчез. Вместо него появился больной человек, который не мог встать с постели. Полгода врачи не могли поставить диагноз, только месяцы спустя в университетской клинике в Марбурге ему поставили диагноз «гипервоспаление иммунной системы в результате вакцинации». До этого все врачи рассказывали ему, что это не более чем психосоматика, и прививка безвредная. За 3 года Саша не получил ни цента компенсации от государства. Страховка отказала ему в процедуре очищения крови, рекомендованной врачами, потому что она стоит 16 тысяч евро. В Германии в апреле 2023 года начался первый судебный процесс. С немецким государством судится женщина, которая после вакцинации заболела миокардитом. Саше этот путь еще предстоит

Прививки от коронавируса и иммунитет.

Вакцина Спутник V производилась на дорогом оборудовании, которое в срочном порядке было закуплено в пандемию. Однако теперь на всех площадках производят не вакцину, а другие препараты, например, от рака. Как пишет Форбс, в 2022 году одни предприятия, производившие вакцину, не получали заказы от Минздрава. На других говорят, что нет необходимости делать препараты, если 100 миллионов доз лежат на складе.

В 2023 году, говорит вирусолог Ольга Матвеева, мир находится на минимуме пандемии:

- Сейчас нас от массовой заболеваемости спасает не только вакцинный иммунитет, но и природный, который массово возник у невакцинированных как результат перенесенного заболевания. Однако такой коллективный иммунитет не будет длиться годами. Скорее, через год, или даже меньше нас ждут новые вспышки заболевания, хотя, вряд ли они будут такими суровыми, как в пандемию.

Если российская вакцина не будет модернизирована, ее эффективность будет значительно ниже, чем при варианте Дельта, а побочные явления будут не меньше. И тогда сомнений будет еще больше, нужно ли прививаться или оставить все, как есть.

Источник: https://2goroda.ru/infobar/somneniya-postfaktum-posle-okonchaniya-pandemii-voz-priznala-vred-privivok-ot-kovida

ВОПРОСЫ:

1. Затрагивали ли власти большинства стран мира тему побочных явлений после вакцинации в начале пандемии?

2. В чем заключается преимущество назальных вакцин, и почему они могут быть более эффективными в предотвращении заражения вирусом?

3. Если бы все побочные эффекты от прививок были надлежащим образом учтены и компенсированы, как бы это повлияло на доверие общества к вакцинации?

Задание 3. Послушайте и прочитайте текст. Ответьте на вопросы.

ЖИЗНЬ ПОСЛЕ КОВИДА. КАК ЗДРАВООХРАНЕНИЕ ОКРУГА ВОЗВРАЩАЕТСЯ К ОБЫЧНОЙ ЖИЗНИ.

Когда медицина Югры вернется к прежней работе? Что делать если отложена плановая операция? Когда можно поехать в санаторий и начать восстанавливать здоровье после долгой самоизоляции? Ответы на эти вопросы и еще много интересного узнали югорчане во время прямого эфира губернатора.

Медицина справилась

Модератором эфира стала один из самых популярных местных блогеров из Сургута Елена Ермакова. У девушки более 200 тысяч подписчиков, которые ежедневно узнают о жизни женщины и ее семьи. Автор блога делится об особенностях быта многодетной семьи. У Елены 4 детей, она рассказывает об их успехах, о том, как поддерживать себя в форме, готовить полезные завтраки, обеды и ужины, путешествовать всем вместе, участвовать в конкурсах красоты и успевать отдыхать несмотря ни на что. Она подготовила для губернатора Югры Натальи Комаровой вопросы о нековидной медицине, которых в социальных сетях было более 500.

Встречу глава региона начала с похвалы медиков. Она отметила, что региональная система здравоохранения, добровольческое сообщество были мобилизованы в

кратчайшие сроки. За период пандемии в Югре была укреплена медицинская база, сохраняется резерв специализированного коечного фонда, готового к развертыванию в течение двух суток при неблагоприятном развитии эпидситуации. В арсенале медицинских организаций автономного округа для диагностики и лечения коронавируса имеется 15 компьютерных томографов, 1 137 аппаратов искусственной вентиляции легких, закуплено мобильное диагностическое оборудование.

«Федеральные эксперты отметили, что методы лечения наших врачей соответствуют необходимым стандартам, высоко оценили организацию оказания помощи больным с коронавирусной инфекцией, подчеркнули высокую подготовленность как медицинского персонала, так и оснащения. Важно научиться эффективно справляться с трудностями всем обществом, активизировав личный контроль самих граждан, ответственность каждого», – сказала Наталья Комарова.

На сегодняшний день возобновляется работа отделений медицинской реабилитации и реабилитационных центров. Профильная деятельность других санаторно-курортных организаций региона возобновится на третьем этапе снятия ограничительных мероприятий. Также с 17 августа в медицинских организациях возобновлены профилактические медицинские осмотры и диспансеризация населения, кроме граждан в возрасте 65 лет и старше, лиц из группы риска, имеющих хронические заболевания, для которых в регионе сохраняется режим обязательной самоизоляции. Организация профилактических мероприятий для этих категорий будет возможна на третьем этапе снятия ограничительных мероприятий. Но масочный режим будет снят при отмене режима повышенной готовности.

«За период пандемии в Югре была укреплена медицинская база, сохраняется резерв специализированного коечного фонда, готового к развертыванию в течение двух суток при неблагоприятном развитии эпидситуации»

Ковидные госпитали закрываются

Эту радостную новость сообщила слушателям прямого эфира медсестра ковидного госпиталя №1 из Нижневартовска.

«Буквально сегодня мы выписали последнего, пролеченного у нас пациента, всего за период открытия, лечение прошли 1023 пациента, – сказала девушка. – В этой нелегкой работе участвовали 1153 сотрудника, из них 168 врачей и 500 медсестер».

Сейчас госпиталь, а вернее детское инфекционное отделение возвращается к привычной работе. В помещениях проводят ремонт и санитарную обработку, готовят палаты и оборудование к приему маленьких пациентов уже 1 сентября.

После перерыва, связанного с COVID-19, возобновилась плановая вакцинация. Например, в детской поликлинике Нягани уже запланированы прививки более 600 детей в возрасте от 7 лет. Их ожидает прививка против туляремии, заболевания, по которому Югра эндемичная территория. По словам сотрудников, кроме туляремии, дети будут привиты от клещевого энцефалита, дифтерии, коклюша и других болезней, обязательных к вакцинации согласно национальному календарю прививок. Пациентов приглашают на определенные дату и время. Перед кабинетом нанесена специальная разметка, позволяющая без проблем выдерживать социальную дистанцию. Все пациенты перед входом в учреждении проходят обязательную термометрию. В здании ведется строгий контроль над соблюдением ношения средств индивидуальной защиты.

«В конце августа мы ожидаем поступление вакцины против гриппа, – рассказывает заведующая профилактическим отделением Вероника Максимовская. – А значит, мы приступим к сезонной вакцинации детей. Алгоритм проведения вакцинации против гриппа также будет соответствовать всем правилам противоэпидемических мероприятий. В этом году, как и в предыдущие годы, нам поступит вакцина отечественного производства «Совигрипп», зарекомендовавшая себя, как отличное средство для профилактики гриппа у детей. Противопоказания у нее не более чем у других вакцин, а именно: аллергия на куриный белок и его компоненты. Минимальный возраст детей для вакцинации – 6 месяцев».

Во время прямого эфира также были подняты вопросы возобновления проведения плановых операций.

«Плановая госпитализация была ограничена для лиц старше 65 лет и с сопутствующими заболеваниями. Но, тем не менее, в Нижневартовской окружной больнице во время карантина было произведено 3 тысячи плановых операций. Мы понимаем, что потребности намного больше, поэтому держим этот вопрос на контроле. С каждым из пациентов есть прямая связь и все они будут приглашены на прием в ближайшее время. Хочу отметить, что, например, жители нашего города сами пока воздерживаются от планового оперативного лечения», – рассказал главный врач Нижневартовской окружной клинической больницы Алексей Сатинов.

Восстановить здоровье? Обязательно!

Заместитель председателя окружного совета ветеранов Ираида Самоловова поинтересовалась что делать пенсионерам, которые уже фактически пять месяцев сидят дома на самоизоляции и ждут открытия санаториев и реабилитационных центров, чтобы пройти лечение от своих хронических заболеваний и длительного нахождения без движения в закрытом пространстве.

«Мы понимаем, что старшее поколение, у которого самоизоляция продлится до 6 сентября, самые исполнительные и выполняют все правила, чтобы не заболеть коронавирусом, но разрешить вам реабилитационное лечение мы можем только на третьем этапе снятия ограничений по «ковиду», – сказала Наталья Комарова.

Губернатор поручила разработать маршрутизацию подобного восстановительного лечения после длительной самоизоляции пенсионеров департаменту здравоохранения.

Кстати, для тех, кто переболел ковидом тоже предусмотрена подобная трехэтапная реабилитация. Первый этап начинается с отделения реанимации, после чего пациентов переводят в инфекционное, или перепрофилированное терапевтическое отделение, где с ними работают специалисты. Следующий этап нужен больным, требующим более внимательного надзора врачей.

«Второй этап – для минимального процента пациентов, которые не могут быть без посторонней помощи, их переводят в отделение реабилитации, – говорит главный внештатный пульмонолог Депздрава Югры Светлана Русак. – В принципе, общесоматические реабилитационные отделения, которые у нас есть в округе вполне могут справиться с этой задачей, там проводят общие дыхательные упражнения».

Третий этап – амбулаторно-поликлиническое звено. Он обязателен для всех переболевших жителей, включая бессимптомных носителей. Его можно проходить либо в поликлинике, либо дома, выполняя упражнения с надуванием шаров.

«Для каждого пациента определяется индивидуальная программа. На всех этапах его сопровождает мультидисциплинарная команда, состоящая из лечащего врача, обязательно, физиотерапевта и врачей ЛФК. При необходимости подключаются и узкие специалисты, если у пациента есть сопутствующая патология», – отметила Светлана Русак.

Зуб, не боли

На прием к стоматологу тоже теперь возможно попасть обычным путем, записавшись через электронную регистратуру региона, портал Госуслуг или по телефону медицинского учреждения.

«С 17 августа во всех медицинских учреждениях, где оказывается стоматологическая помощь, возобновлена предварительная запись, – рассказала главный внештатный стоматолог регионального депздрава Валентина Казакова. – Позвонив в Call-центры или регистратуры югорчане получат талон. Если возникают какие-либо трудности, то пациент будет записаны в лист ожидания, и ему обязательно позвонят и запишут на оказание стоматологической помощи».

Специалисты в области эпидемиологии считают именно стоматологию опасными в распространении коронавирусной инфекции, из-за чего в Югре врачи несколько месяцев оказывали только неотложную стоматологическую помощь. После открытия клиник и возникновения больших очередей югорские медики стали работать дольше и в выходные дни, благодаря чему удалось увеличить количество талонов.

Источник: https://ugra.aif.ru/health/healths/zhizn_posle_kovida_kak_zdravoohranenie_okruga_vozvrashchaetsya_k_obychno y_zhizni?ysclid=litu09vgm35963584

ВОПРОСЫ:

1. Анализируя данные о наличии компьютерных томографов и аппаратов искусственной вентиляции легких в Югре, как Вы думаете, насколько эффективны эти медицинские ресурсы в борьбе с коронавирусной инфекцией?

2. Если бы плановая вакцинация не возобновилась, какова вероятность увеличения числа детей, подверженных туляремии и другим болезням, обязательным к вакцинации?

3. Какие этапы включает трехэтапная реабилитация для пациентов, переболевших COVID-19?

Задание 4. Послушайте и прочитайте текст. Ответьте на вопросы.

ПОДВОДИМ ИТОГИ ПЕРВОГО ГОДА САНКЦИЙ ДЛЯ РОССИЙСКОГО РЫНКА ЛЕКАРСТВ. ПОНЯТНОЕ ДЕЛО, ЧТО ПЕЧАЛЬНЫЕ — НО НЕ КАТАСТРОФИЧЕСКИЕ СТАРЫЕ ПРЕПАРАТЫ В ОСНОВНОМ ОСТАЛИСЬ. А ВОТ С НОВЫМИ БУДУТ ПРОБЛЕМЫ.

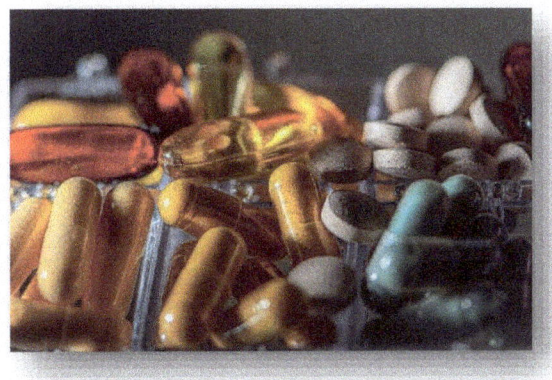

За год войны и санкций значительно ограничить работу на российском рынке решились лишь некоторые западные фармацевтические гиганты. В большинстве случаев у препаратов, которых лишились россияне, нашлись альтернативы. Зато реальной проблемой стал обвал рынка клинических исследований. Из-за него Россия рискует столкнуться с недопуском в страну новых лекарств. Также за год заметно выросли цены на препараты, стоимость которых не регулирует государство. Больницам и благотворительным фондам стало значительно труднее ремонтировать и закупать оборудование, равно как и приобретать расходные материалы. В некоторых случаях медицинские изделия подпадают под санкции о запрете экспорта продукции двойного назначения. Российские власти пытаются упростить бюрократические процедуры, чтобы в стране не возник дефицит важных препаратов и технологий. Но накопившиеся проблемы не устраняются директивами — и врачи, пациенты, благотворители и другие заинтересованные стороны продолжают с тревогой следить за развитием кризиса. «Медуза» рассказывает, как за год изменилась и куда движется российская медицина.

Официально с российского рынка уходит не так много препаратов

В СМИ регулярно появляются сообщения о том, что в России невозможно купить некоторые препараты. На самом деле сложно сказать, стало ли подобных новостей больше: и до войны в России из продажи регулярно пропадали разные лекарства. Однако сейчас стало больше логистических проблем, которые до сих пор не решены.

По данным аналитической компании RNC Pharma, которые приводят «Ведомости», в 2022 году в Россию перестали импортировать препараты с 99 действующими веществами (восемь процентов от всех ввозимых наименований), причем в действительности часть из них завозилась — просто не как готовая продукция.

При этом с начала войны всего несколько фармацевтических компаний заявили, что перестанут поставлять некоторые свои препараты в Россию. Однако пока многие эти лекарства по-прежнему есть в продаже.

Международная компания MSD с головным офисом в США перестанет поставлять вакцину от ветряной оспы («Варивакс»), а также вакцину от кори, краснухи и паротита («M-M-P II»). Предполагается, что это произойдет летом 2023 года. В России есть аналогичные вакцины других производителей, в том числе зарубежных.

В октябре 2022 года MSD заявила еще и о том, что перестанет поставлять в Россию препарат голимумаб. Но, как выяснилось позже, речь шла лишь о том, что права на регистрационное удостоверение, передадут другой компании.

Американская компания Eli Lilly еще в марте 2022 года заявила, что приостановила поставки в Россию препарата «Сиалис». Тем не менее препарат до сих пор продается в российских аптеках, как и его аналоги.

В феврале 2023 года стало известно, что и другой популярный препарат, применяющийся при эректильной дисфункции — «Виагру», — не будут поставлять в Россию. Пока она по-прежнему есть в аптеках (и аналоги тоже).

Уже в марте о прекращении поставок в Россию заявила еще одна американская компания «3М», у которой в России было зарегистрировано всего несколько препаратов — они применяются для местной анестезии в стоматологии. Для них нашлись замены.

У созданного указом президента России фонда «Круг добра», который обеспечивает в том числе незарегистрированными препаратами людей до 19 лет с тяжелыми заболеваниями, после начала войны периодически возникают ситуации, когда сроки поставок лекарств откладываются снова и снова. Несмотря на заявления чиновников, остается еще немало других случаев, когда фонд не может закрыть потребности пациентов в лекарствах.

Несколько компаний передали либо продали свой бизнес или же заявили о таком намерении. Однако ни одна из них не сообщила о том, что какие-то препараты поставляться в Россию не будут. При пропаже лекарств некоторые люди не просто достают их за границей, но даже используют те, что делаются кустарным методом в России, что может быть небезопасно.

Ситуация с лекарствами ухудшается и по другим причинам.

Многие фармацевтические компании, хотя и не перестали поставлять в Россию свои препараты, приостановили в стране клинические исследования. Между тем клинические исследования часто нужны именно для регистрации новых препаратов в России. Соответственно, если нет исследований, не будет в широком доступе и новых препаратов.

Цены на лекарства тоже значимо выросли: за год, по подсчетам «Медузы» на основе данных Росстата, цены, которые не контролируются государством, выросли в среднем почти на 18 процентов. Для препаратов из перечня жизненно необходимых и важнейших лекарственных средств, цены на которые государство контролирует, стоимость выросла на пять процентов.

Проблемы возникли не только с лекарствами — стало сложнее покупать и ремонтировать медицинское оборудование, а также приобретать расходные материалы. Например, как сообщают в фонде «Подари жизнь», сейчас нет возможности проводить очистку трансплантата (при трансплантации костного мозга), так как нет необходимых реактивов и расходных материалов. Сейчас врачи используют другую схему, чтобы снизить риск осложнений, — комбинацию современных лекарственных препаратов.

«Мы не знаем долговременных последствий нынешних изменений, — рассказывала заведующая отделением трансплантации гемопоэтических стволовых клеток № 1 Лариса Шелихова. — И поэтому дети, которые могут ждать трансплантации, пока что ждут. Когда с эффективностью и безопасностью будет яснее, можно будет принять решение о трансплантации и для них. А сейчас трансплантируются те, кто ждать не может.».

В фондах «Семьи СМА» и «Дом с маяком» говорят о том, что не удается купить привычное оборудование и расходные материалы для людей, которым сложно дышать самостоятельно. «Подбор аналогов часто происходит методом проб и ошибок, — рассказывала изданию „Медвестник" директор фонда „Семьи СМА" Ольга Германенко. — Это дополнительные трудозатраты со стороны фонда и куча переживаний и нервов со стороны родителей или родственников взрослых пациентов».

«Удлинились логистические цепочки, усложнился процесс закупок, — рассказывала директор фонда „Подари жизнь" Екатерина Шергова. — Например, мы закупаем медицинское оборудование для детских медицинских учреждений, и в результате санкционных проверок выясняется, что в каком-то аппарате есть деталь двойного назначения. Значит, приходится менять модель прибора, чтобы избежать проблем. Так что даже на приобретение того, что мы еще можем купить, теперь требуются чудовищные усилия».

Возникает проблема и с ремонтом протезов, а также других устройств за рубежом. До конца 2023 года их вывоз запрещен. Однако, как ответили в Минпромторге изданию «СПИД.ЦЕНТР», отправлять протезы на ремонт за границу можно, если согласовать это с различными ведомствами.

Некоторые препараты, наоборот, приходят на российский рынок

После начала войны были и новости о том, что некоторые важные препараты получили регистрацию в России и стали (либо станут) доступны пациентам.

Еще в России зарегистрировали два препарата длительного действия для терапии при ВИЧ-инфекции, которые используются совместно. Препараты вводят с помощью внутримышечных инъекций раз в месяц или два. Пока они в продажу не поступили. В правительстве пытаются улучшить положение, но полностью устранить ущерб невозможно.

Чтобы ускорить импортозамещение, компаниям, задействованным в производстве лекарств, выдают льготные кредиты.

Кроме того, в России появился механизм, с помощью которого специальная межведомственная комиссия определяет, есть ли дефицит каких бы то ни было препаратов, а также риски дефицита. Препараты, которые оказываются в этом списке, можно ввозить в Россию для продажи в иностранной упаковке и применять к ним упрощенную процедуру регистрации. В конце января 2023 года в списке было 97 пунктов, в том числе препараты для лечения онкологических заболеваний, болезни Паркинсона, антибиотики, а также активированный уголь и йод.

Усложненная логистика, повышение цен, непредсказуемо длительные сроки поставки, приостановка клинических исследований не устраняются, несмотря на новые законы и льготы для российских производителей. В то же время проблемы в российской медицине, возникшие после начала войны, не всем кажутся критическими по сравнению с тем, что было до нее.

«Если мы думаем, что у нас была идеальная медицина и она сломается из-за санкций, это абсолютно не так, — говорил эпидемиолог Антон Барчук в интервью изданию „Бумага" в марте 2022 года. — У нас была так себе работающая система. В некоторых регионах типа Москвы вливались большие деньги, но это не решало локальных проблем, просто прикрывало все. Если сейчас поставить задачу, чтобы медицина действительно работала, придется задуматься над тем, чтобы перестать тратить деньги на абсолютно ненужные вещи и оптимизировать ее по-настоящему».

Источник: https://meduza.io/feature/2023/02/27/podvodim-itogi-pervogo-goda-sanktsiy-dlya-rossiyskogo-rynka-lekarstv-ponyatnoe-delo-chto-pechalnye-no-ne-katastroficheskie?ysclid=litu3li2y5972684942

ВОПРОСЫ:

1. Какие последствия могут быть в России из-за логистических проблем с поставкой лекарств? Пострадает ли российская фармацевтика?

2. С точки зрения общественного здравоохранения, каковы возможные последствия проблем с регистрацией новых препаратов и доступностью новых лекарственных средств для пациентов в России?

3. Учитывая заявление эпидемиолога Антона Барчука о необходимости оптимизации системы здравоохранения, какие конкретные шаги и изменения могут быть предприняты для обеспечения более эффективной работы медицинской системы в России?

1.2 Ready, Set, Speak!
ЗДРАВООХРАНЕНИЕ.

Языковые средства

- По данным ВОЗ …
- Сегодня я хотел(а) бы поделиться с вами результатами исследования …
- Сегодняшний доклад посвящен важной теме здравоохранения, которая заслуживает нашего внимания и обсуждения: …
- Перед нами стоит вопрос, который затрагивает многих пациентов…
- Думаю, все согласятся, что здоровье - основной аспект качества жизни …

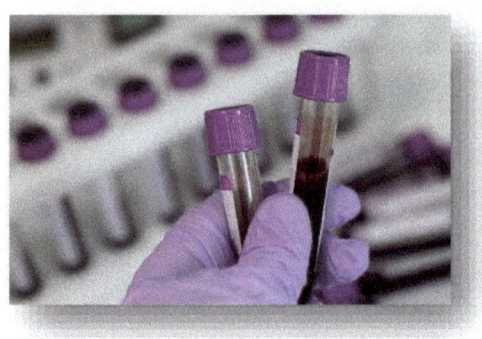

- Перед вами данные, которые подчеркивают необходимость улучшения доступа к медицинской помощи и качества услуг …

Ключевая лексика

- здравоохранение
- медицина
- врач
- пациент
- лечение
- болезнь
- диагноз
- медицинское обслуживание
- медицинская помощь
- медицинский персонал
- медсестра
- прием
- больница
- поликлиника
- лекарство
- рецепт
- фармацевт
- медицинская история
- медицинский диагностический центр
- медицинское оборудование
- страхование здоровья
- здоровый образ жизни
- профилактика
- вакцинация
- эпидемия
- пандемия
- иммунитет
- операция
- реабилитация
- симптомы
- анализы
- лаборатория
- стоматология
- отделение интенсивной терапии
- симптомы
- хронические заболевания
- бесплатное медицинское обслуживание
- экстренная медицинская помощь
- коронавирусная инфекция
- госпитализация
- больничная койка
- ВОЗ
- сделать прививку от
- побочные эффекты
- тромб, тромбоз

- осложнение
- фарминдустрия
- медицинские препараты

«Здравоохранение в 21 веке»: главные тезисы по теме

- В 21 веке технологии играют ключевую роль в здравоохранении. Цифровизация медицинских данных, телемедицина, искусственный интеллект и мобильные приложения становятся все более распространенными и приводят к улучшению диагностики, лечения и доступности медицинской помощи.
- Становится все более распространенным индивидуальное исследование генетического фона пациента для определения наиболее эффективного и безопасного лечения. Персонализированная медицина помогает улучшить результаты лечения и сократить побочные эффекты.
- В 21 веке все больше внимания уделяется профилактике и здоровому образу жизни. Специалисты по здоровому питанию, фитнес-инструкторы, психологи и другие эксперты помогают людям быть более ответственными за свое здоровье и предотвращать заболевания.
- Пандемия COVID-19 показала важность глобального сотрудничества в области здравоохранения. Страны, организации и ученые работают вместе для разработки вакцин, обмена информацией и координации действий для борьбы с инфекционными болезнями.
- Однако, неравенство в доступе к здравоохранению остается серьёзной проблемой в 21 веке. Важно разработать программы, направленные на снижение этого неравенства и обеспечение универсального доступа к качественной медицинской помощи для всех слоев населения. Изменение демографической структуры населения, включая старение населения и рост хронических заболеваний, требует новых подходов к оказанию медицинской помощи.

Фразеологизмы

- выздороветь на глазах
- держать руку на пульсе
- капля в море
- бить тревогу
- поставить на ноги

Медицина должна быть доступной и качественной для всех.

Важно объединять силы для борьбы с пандемиями и эпидемиями.

Результаты исследования говорят сами за себя.

Здоровье - это наше самое ценное богатство.

Медицина постоянно развивается.

Прилагательные

Медицина *какая?* Современная, народная, традиционная, восточная, экспериментальная, частная, бесплатная.

Вакцинация *какая?* Новая, эффективная, универсальная.

Заболевание *какое?* Психическое, хроническое, онкологическое, серьёзное, тяжёлое, опасное, неизлечимое.

Факты и информация

Во многих странах наблюдается увеличение числа людей, страдающих хроническими заболеваниями, такими как диабет, сердечно-сосудистые заболевания и ожирение. Это создает дополнительную нагрузку на системы здравоохранения и требует эффективной профилактики заболеваний.

Вспышки инфекционных заболеваний, таких как COVID-19, представляют серьезную угрозу для мирового здравоохранения. Некоторые страны сталкиваются с недостатком медицинского персонала, включая врачей, медсестер и других специалистов (Канада). Некоторые страны имеют недостаточное финансирование системы здравоохранения, что создает препятствия для получения необходимых медицинских услуг (США).

Вопросы для обсуждения

1. Какие меры можно предпринять для улучшения доступности медицинской помощи для всех граждан?
2. Какие преимущества и риски связаны с внедрением цифровых технологий и телемедицины в здравоохранение?
3. Какие стратегии могут быть эффективными в борьбе с распространением инфекционных заболеваний и глобальными пандемиями?
4. Что такое персонализированная медицина, каковы её преимущества?
5. Какую роль играют фармацевтические компании в современной медицине и как обеспечить баланс между доступностью лекарств и инновационным развитием фармацевтики?
6. Какие последствия может иметь недостаток медицинского персонала на качество и доступность здравоохранения?

7. Как можно совместить традиционные методы лечения с альтернативной медициной и народными средствами лечения?
8. Какие факторы влияют на выбор людей стать врачами, и как можно привлечь больше людей в эту профессию?
9. Важно ли международное сотрудничество в борьбе с глобальными проблемами в сфере здравоохранения?
10. Какие проблемы возникают при внедрении новых лекарственных препаратов и технологий в медицину, и как обеспечить их безопасность и эффективность?

Тема 2: КОНТРОЛЬ НАД ОРУЖИЕМ

2.1 Подготовка к говорению.

Изучите материал.

Задание 1. Посмотрите видео и прочитайте текст. Ответьте на вопросы.

ОРУЖИЕ ДЛЯ ГРАЖДАНСКИХ: ИСТОРИЯ РАЗРЕШЕНИЙ И ЗАПРЕТОВ.

Свободные люди владеют оружием. Общество еще не готово. Больше оружия - больше убийств, больше оружия - меньше убийств. Сторонники легализации огнестрельного оружия для гражданских и их оппоненты сломали много копий, доказывая свою точку зрения. Они оперируют цифрами, ссылаются на опыт других стран и вспоминают прошлое. Займемся этим и мы. Но не становясь на ту или иную сторону. В этом выпуске WAS мы поговорим об истории права на личное оружие и ограничениях этого права. Вы узнаете, почему римские легионеры тренировались за пределами города, зачем в американском суде анализировали устав 14 века, и правда ли, что сегодня свободное владение оружием запрещают только диктаторские режимы

Судя по всему, регулирование оружия, как и множество других вещей, принесла нам Древняя Греция. Иметь оружие, когда мог только взрослый, свободный мужчина, то есть гражданин. Рабы, вольноотпущенники и женщины этой привилегией воспользоваться не могли. В полисах запрещали приходить на гору вооруженным в мирное время. В этом видели угрозу не только для безопасности граждан, но и для демократии. Вооруженные люди могут захватить власть.

В Катании на Сицилии (это была греческая колония) жил законодатель Харонт. Его усилиями был принят запрет на появление вооруженным на Народном собрании. По легенде, однажды он сам пришел на собрание, забыв снять меч. Люди стали смеяться: сам нарушил свой закон. В ответ Харонт выхватил меч и воткнул себе в грудь. Своей смертью доказал уважение к закону. В Риме долго действовал запрет на оружие в пределах померия, священных границ города. Даже легионеры тренировались за его пределами. Первым войска в вечный город ввел Луций Корнелий Сулла в 88-м году до нашей эры. Это был переворот. Позже Октавиан Август законом запретил гражданам пользоваться оружием для любых целей, кроме охоты и самозащиты в путешествии. Он же разрешил носить оружие в городе преторианцам, телохранителям императора.

В Средние века почти каждый имел при себе для самозащиты хотя бы что-то примитивное вроде ножа или кинжала. Приобретение чего-то более продвинутого было вопросом, прежде всего не ограничений, а денег. Хорошее оружие - вещь дорогая. Но и тогда появляются акты, регулирующие ношение оружия. Скажем, английский король Эдуард Первый в 1285 году запретил всем частным лицам ходить вооруженными в Лондоне после начала комендантского часа.

В 16 веке европейских правителей начинает беспокоить уже относительно эффективное и доступное огнестрельное оружие. На него накладываются отдельные ограничения. Елизавета I в 1594-м запретила появляться с пистолетом возле Королевского дворца. Ей было чего бояться. 10-ю годами ранее фанатик убил правителя Нидерландов Вильгельма Оранского. Именно из пистолета.

Где-то в то же время японский правитель Тоётоми Хидэёси устраивает охоту за мечами. Приказывает изъять оружие у крестьян и мещан, оставив его только у самураев. В английском билле о правах 1689 года было записано: подданные, являющиеся протестантами, могут носить оружие, соответствующее их положению и так как разрешено законом. Современные учёные спорят, о чём была эта норма? О праве или, наоборот, об ограничениях. Власти большинства европейских стран приходят к мысли, что простолюдинам, не состоящим на службе, оружие не нужно. В конце концов, об их безопасности заботится государство.

Тем временем за океаном возникает страна с принципиально новым отношением к правам граждан, в частности, праву на самозащиту. Да, это Соединённые Штаты Америки. В 1791-м году в недавно принятую Конституцию США одновременно вносятся первые 10 поправок. Билль о правах, не путать с английским.

Вторая поправка была такой: из-за того, что для безопасности свободного государства необходимо хорошо организованное ополчение, право народа иметь и носить оружие не должно ограничиваться. Поправка действует и поныне, являясь основой права американцев на оружие. Хотя вокруг неё было много дискуссий и судебных процессов. А поскольку американское право корнями уходит в право английское, то судьи в Штатах порой вынуждены заниматься трактовкой очень старых норм по оружию, даже Норд-Гемптонского устава аж 328-го года.

С начала 19 века на дикий запад Америки в поисках лучшей жизни отправляются толпы переселенцев, которых назовут пионерами. Какое-то время здесь не было центральной власти. Поэтому в деле защиты от всяческих злодеев, которых здесь хватало, нужно было полагаться только на себя и свой пистолет. Это тот мир, который мы хорошо знаем по вестернам, и который в значительной степени сформировал американскую культуру обращения с оружием.

Кстати, о пистолетах. В 1836 году на сцену выходит американец Сэмюэль Кольт с револьвером имени себя, способным на пять выстрелов без перезарядки. Это стало настоящей революцией. Еще никогда короткоствольное оружие не было таким удобным и практичным. Изделия Кольта стали хитом на том же Диком Западе.

Бог создал людей сильными и слабыми. Полковник Кольт сделал их равными. В начале 20 века эпоха ковбоев и перестрелок в салонах подошла к концу. Стали появляться законы, ограничивающие применение оружия. Пока что в конкретных местах. А в 1934-м был принят Национальный закон об огнестрельном оружии. Это эпоха расцвета мафии. И нововведение было направлено прежде всего, против нее. Теперь частным лицам запрещалось владеть автоматами, дробовиками, обрезами и глушителями, что давало преимущество полиции в стычках с мафиози.

Следующее закручивание гаек пришлось на 1960-е. Так государство ответило на громкие политические убийства и беспорядки на расовой почве. Появляется закон о контроле за оружием, который ввел новые ограничения по его продаже. После этого был издан еще почти десяток федеральных законов, регулирующих данную сферу. Поскольку США — это федерация, то требования и запреты зависят от штата. В большинстве Штатов человек может купить хоть пистолет, хоть дробовик, хоть автомат. Это не превратило Штаты в ад, где бегают толпы вооруженных бандитов, и все стреляют во всех. Напротив, по статистике Штаты с минимальными ограничениями по оружию входят в число самых безопасных.

Самый известный пример Вермонт. Нельзя не упомянуть и прецедент, созданный властями города Кеннесо, штат Джорджия в 1982 году. Тогда мэрия обязала каждое домовладение держать у себя хотя бы один вид оружия. Расчет был таков: потенциальные преступники, которые будут знать об этом, не решатся на кого-либо нападать. И это, похоже, сработало. В течение следующих двух десятилетий в городе произошло всего три убийства, два из которых были совершены холодным оружием.

Но у медали все же есть другая сторона. Колумбайн. Так называлась школа в штате Колорадо, в которой в апреле 1999 года двое учеников устроили массовое убийство, после чего застрелились. И так будут в дальнейшем называть подобные расстрелы в школах. В Колумбайне погибли 13 человек, еще 23 были ранены. В арсенале убийц было четыре единицы оружия, три из которых легально приобрела их подруга. После каждого нового Колумбайна раздаются громкие голоса за более жесткий контроль продажи оружия. В частности, повышение возрастного ценза с 18 лет до 21. Сторонников этой идеи традиционно больше среди избирателей Демократической партии. Соответственно, республиканцы преимущественно за то, чтобы законодательство оставалось таким, как есть или стало еще более либеральным.

На сегодняшний день на 100 американцев приходится примерно 120 единиц гражданского огнестрельного оружия. Больше всего в мире. При этом почти все оно не зарегистрировано.

Соединенные Штаты - ориентир для борцов за свободу владения оружием по всему миру. В разных странах эти люди создают свои организации, выходят на улицы, обращаются к политикам. Для их оппонентов американский опыт — это пример того, как не надо делать. Обе стороны приводят массу примеров из статистических сводок. Сегодня такой же легкий и легальный доступ к оружию, как в Штатах, есть только в Йемене. Страна занимает второе место по количеству гражданских стволов на 100 человек. 53 штуки. Но там с 2014 года идет гражданская война. Поэтому понятия статистики и безопасности в Йемене вещь условная.

В других государствах владение оружием либо требует разрешения, либо запрещено. Конечно, в каждом законодательстве много разных нюансов. Правила для винтовок и пистолетов обычно разные. В дискуссиях часто можно услышать аргумент: либеральное оружейное законодательство в успешных демократических странах, а строгое только в отсталых диктатурах. Но в действительности не все так просто. Стать владельцем оружия довольно легко, например, в Бразилии, Эстонии, Чехии, Финляндии и Пакистане. А тяжело или практически невозможно в Китае, Ирландии, обеих Кореях и Японии. При этом уровень убийств в Бразилии высок, а в Японии - почти нулевой. Так что принцип больше оружия, меньше преступлений не всегда работает. Кстати, о Японии. Как вам название акта 1958 года до сих пор регулирующего эту сферу: закон о контроле владения огнестрельным оружием и мечом. Такие вот традиции самураев.

Упомянем еще две страны, власти которых недавно изменили оружейное законодательство. Первое Израиль. Все мы знаем, что это государство- армия. Но до недавнего времени право на огнестрельное оружие имела лишь незначительная часть гражданских. В 2018 году доступ к нему был существенно облегчен. Как это повлияло на уровень преступности пока не ясно. Вторая Швейцария. Любовь к стрельбе - давняя традиция швейцарцев. Тамошнюю культуру оружия формировала и особая модель армии. Мужчины проходят ежегодные военные сборы, а между ними держат служебную винтовку дома. Швейцарское законодательство к гражданскому оружию традиционно было одним из самых лояльных. Поэтому по состоянию на начало 2019 года стране с населением 8,5 миллионов человек было больше 2,5 миллионов единиц оружия. Однако в мае 2019 года в стране прошел референдум, на котором 63% граждан высказались за более жесткое оружейное законодательство в соответствии с европейскими нормами. Отныне продажа полуавтоматических винтовок с крупными магазинами в Швейцарии ограничена. Правда, первопричиной, похоже, было не желание самих швейцарцев, а требование ЕС, поскольку страна входит в Шенгенскую зону.

В общем, гражданское оружие одна из тем, разделяющих современное общество на два лагеря, если не больше. И универсальный рецепт, который бы удовлетворил всех, здесь вряд ли найдется. А какой вариант оружейного законодательства избрали бы вы?

Источник: https://www.youtube.com/watch?v=kvcfaEESGHo

1. Какой аспект безопасности являлся основной причиной запрета на вооружение в городах Древней Греции?

    a) угроза демократии

    b) внешние атаки

    c) рост преступности

2. Какое оружие начало беспокоить европейских правителей в 16 веке?

a) мечи и кинжалы

b) огнестрельное оружие

c) луки и стрелы

3. Какую функцию выполняет Вторая поправка к Конституции США?

a) ограничивает право на ношение оружия у граждан

b) гарантирует право на самозащиту и ношение оружия у народа

c) запрещает наличие оружия у всех граждан

4. Какая страна является примером с жестким оружейным законодательством и практически нулевым уровнем убийств?

a) Бразилия

b) Швейцария

c) Япония

2.2 Ready, Set, Speak! КОНТРОЛЬ НАД ОРУЖИЕМ

Языковые средства

- ➢ Кажется, никто не задумывается о …
- ➢ Нужно помнить, что …
- ➢ Мы видим последствия …
- ➢ Лично я считаю …
- ➢ Очевидно, что …
- ➢ Давайте обратимся к статистике …
- ➢ К сожалению …/ К счастью …
- ➢ Чтобы прийти к осознанному и информированному решению …

Ключевая лексика

- ограничение оружия
- законодательство
- запрет на ношение оружие
- регулирование оборота оружия
- регистрация оружия
- лицензирование оружия
- травматическое оружие
- контроль за покупкой оружия
- обязательная проверка на судимость
- запрет на покупку автоматического оружия
- борьба с незаконным оборотом оружия
- штрафы и наказания за
- незаконное оружие
- условия хранения оружия
- обучение владельцев оружия
- развитие системы безопасности оружейных предприятий
- контроль над оружием
- оружейное лобби

«Контроль над оружием:»: главные тезисы по теме

- Основной аргумент в пользу контроля над оружием заключается в обеспечении безопасности общества. Приверженцы контроля над оружием считают, что ограничение доступа к огнестрельному оружию и регулирование его использования помогут снизить уровень насилия, преступности и количество жертв.
- Приверженцы контроля над оружием подчёркивают необходимость введения строгих законов и ограничений для того, чтобы предотвратить массовую стрельбу и теракты. Ограничение доступа к полуавтоматическому и автоматическому оружию, а также повышение требований к проверке покупателей и получению лицензий на оружие считаются мерами, способными уменьшить подобные инциденты.

- Однако, противники контроля над оружием утверждают, что строгое регулирование оружия ограничивает права граждан на самозащиту и нарушает их конституционные права. Они подчёркивают важность индивидуальной свободы и права на владение оружием для самозащиты, а также защиты своей семьи и имущества.
- Контроль над оружием также направлен на предотвращение несчастных случаев, связанных с неосторожным обращением с оружием. Законы, требующие обучения, сертификации и надлежащего хранения оружия, направлены на снижение риска случайных выстрелов и несчастных случаев.
- Главный вопрос в дебатах о контроле над оружием заключается в поиске баланса между обеспечением безопасности общества и защитой прав граждан на владение оружием.

Фразеологизмы

- взять под контроль
- играть с огнём
- камень преткновения
- вооружённый до зубов
- игра в русскую рулетку

Этот вопрос вызывает ожесточённые дискуссии.

Отсутствие строгого контроля над оружием превращает ситуацию в настоящую игру в русскую рулетку.

В некоторых странах государство строго контролирует владение огнестрельным оружием.

Контроль над оружием стал камнем преткновения между сторонниками и противниками данной меры.

Позволять людям необдуманно приобретать оружие - это играть с огнем.

Прилагательные

Оружие *какое?* Ядерное, огнестрельное, холодное, мощное, автоматическое, смертоносное, опасное.

Запрет *какой?* строгий, полный, законодательный, суровый, полный.

Борьба *какая?* Политическая, ожесточённая, упорная, долгая, яростная, непримиримая, активная, непрерывная.

Факты и информация

В Великобритании владение оружием строго контролируется, поэтому оружие массового поражения и полуавтоматическое оружие запрещены для граждан, а право на владение оружием регулируется лицензированием и строгими требованиями.

В Австралии произошла значительная реформа контроля над оружием после массовой стрельбы в Порт-Артуре в 1996 году. Законы были ужесточены, запретив полуавтоматическое оружие и запустив программу добровольной сдачи оружия. Теперь в Австралии требуется лицензия на владение оружием, а приобретение огнестрельного оружия подразумевает проверку и обучение.

В США законы и политика относительно контроля над оружием варьируются сильно от штата к штату, некоторые штаты имеют более либеральные правила, чем другие.

Торговля оружием в России осуществляется только через официальные лицензированные оружейные магазины. Также установлены требования к хранению оружия дома. Владение оружием в России требует получения лицензии и регистрации оружия. Граждане должны пройти процедуру проверки на судимость, медицинского освидетельствования и получить разрешение на приобретение оружия.

Вопросы для обсуждения

1. Какие меры контроля над оружием считаются наиболее эффективными для снижения уровня насилия и преступности?
2. Какие аргументы можно привести в пользу/против строгого контроля над оружием?
3. Какова роль государства в контроле над оружием? В какой мере ответственность должна лежать на индивидуальных гражданах?
4. Как ограничение доступа к оружию может повлиять на право на самозащиту граждан?
5. Какие примеры успешной реализации контроля над оружием вы можете привести?
6. Какие меры контроля над оружием могут быть применены для предотвращения массовой стрельбы?
7. Какие вызовы и преграды могут возникнуть при внедрении и поддержании эффективной системы контроля над оружием?
8. Какие дополнительные меры могут быть предприняты для обеспечения безопасного обращения с оружием?
9. Можно ли достичь баланса между обеспечением безопасности общества и защитой прав граждан на владение оружием?
10. Как влияют социально-экономические и культурные факторы на проблему контроля над оружием? Как они должны учитываться при разработке политики в этой области?

Тема 3: СТАРЕНИЕ НАСЕЛЕНИЕ

3.1 Подготовка к говорению.

Изучите материал.

Задание 1. Посмотрите видео и прочитайте текст. Ответьте на вопросы.

МАССОВАЯ ПОТЕРЯ РАЗУМА: ЧЕМ ДЛЯ ПЛАНЕТЫ ОПАСНО БЫСТРО СТАРЕЮЩЕЕ НАСЕЛЕНИЕ.

Глобальный голод, перенаселение планеты и мировые войны за оставшиеся ресурсы. Такой привычный уже сценарий Апокалипсиса во всей своей мощи развернется, очевидно, только на киноэкранах, но не в реальности. Настоящее, но не менее пугающее будущее заключено в цифрах статистики рождаемости и продолжительности жизни. Аналитикам ООН этого достаточно, чтобы предсказать: население планеты с трудом дотянет до 10 миллиардов, а затем начнет стремительно сокращаться. И главной угрозой станет массовая потеря разума.

Это Япония. Четверть ее населения старше 65 лет. А тех, кто отметил вековой юбилей, 90 тысяч. Ичиро Сакогучи открыл свою кофейню в 48-м году. Сегодня ему 102, и он по-прежнему лично обжаривает зерна. А это Такишима Мика, фитнес тренер. В 93 она дает фору всем в зале.

- Я стала заниматься в 65. В 79 наняла персонального тренера, чтобы прийти вот в такую форму.

Однако жить так, долго и счастливо, скорее невероятная история успеха. Разгадав секрет долгожительства, Японии первой познала его темную сторону.

- Как вы себя чувствуете?

- Как будто мне 94 года.

Переполненные дома престарелых, роботы-питомцы, как единственный способ общения.

- Он очень милый.

Болезнь Паркинсона, Альцгеймер, деменция, которые в цифрах медицинской статистики теснят инфаркты и рак.

- Уже через 10 лет число пациентов, страдающих болезнью Паркинсона, увеличится в два раза, а болезнью Альцгеймера - в три.

Судьба долгожителя в Японии зачастую лотерея без выигрыша. Совсем забыться или быть забытым и одиночество почти всегда означает бедность.

- Моей пенсии не хватало даже на еду. И я стала воровать.

Скрывая лицо, эта заключенная в тюрьме рассказывает свою историю. Вся ее семья и друзья уже умерли и помочь в борьбе с нищетой было некому. Тысячи таких судеб легли в основу книги "Старики преступного мира" писательница Юки Шинго.

- Они с трудом выживают и начинают воровать. Если их не поймают, у них будет еда. Если поймают, то в тюрьме о них позаботится государство.

Специальные тюрьмы для престарелых — это дополнительные расходы, плюс к огромным пенсионным выплатам. И есть ли выход для стареющей страны с самым большим в мире госдолгом?

- Я считаю, что единственное решение вырисовывается довольно ясно. Что это, если не массовое харакири пожилых людей?

Это заявление ученого Йельского университета Юсуки Нарита вызвало эффект разорвавшейся бомбы. Ради спасения экономики он предлагает пенсионерам последовать примеру самураев и добровольно уйти из жизни. Мысль дикая. Однако, высказав ее, Нарита стал суперзвездой.

- Всемирно известный гений из Йельского университета пришел к нам в студию, чтобы рассказать о своей теории.

Шоу с участием Нариты набирают миллионы просмотров. Он рекламирует энергетик. Заражая молодежь радикальными идеями, эпатажный ученый внезапно нашел понимание и у старшего поколения.

- Согласно опросам, большинство людей в Японии поддерживают введение эвтаназии. Для нашего общества очень важно общение с окружающими для осознания себя, как личности. Самое страшное - быть обузой для близких. И если эвтаназию когда-то узаконят в Японии, боюсь, что многие пожилые люди примут решение это сделать.

В интервью "Нью-Йорк Таймс" Нарита оправдывается, мол, его слова - это метафора, и он просто призывает к тому, чтобы пожилые дали дорогу молодым.

Страна восходящей геронтократии, именно такой считает Японию ее молодое поколение, полагая, что пожилые люди сдерживают прогресс. Ведь именно они занимают все ключевые посты в политике и бизнесе. Для примера, глава крупнейшего банка - 71 год, руководитель металлургического гиганта - 82, ну и самый популярный автоконцерн возглавляет инженер, которому 76. Получается, что карьерная лестница в Японии все больше напоминает эскалатор, который движется в обратную сторону.

Геронтократия коснулась даже якудза. По данным полиции, больше половины участников банд старше 50, а главарям мафии далеко за 70. Но если даже людям среднего возраста дорогу никто не уступает, то к чему это приведет? По мнению футурологов, к войне поколений.

Самые грозные ее битвы уже сегодня гремят в Париже. Это вторая попытка провести пенсионную реформу. Первая закончилась погромами желтых жилетов, а теперь на улицу вышла, кажется, вся Франция.

- Мы не готовы работать на два года, больше.

- Перейти на пенсионный возраст 64 года надо из соображений возрастной пирамиды, учитывая, что мы живем дольше, чем предыдущее поколение.

Большинство стран, где люди живут дольше, а рождаемость падает, уже повысили пенсионный возраст. И только Китай сделал это по совершенно уникальной причине. Политика одного ребенка - один из самых неоднозначных социальных экспериментов в истории человечества. 37 лет семьи имели право завести только одного малыша. Оставляли, как правило, мальчика, хранителя фамилии. И теперь целому поколению мужчин сложно найти жену. Рухнули древние традиции большой семьи, и сегодня, когда разрешено иметь даже троих детей, китайцы все чаще принимают такое решение.

- Мы решили не заводить детей, чтобы не разрушать гармонию в нашей паре.

- Китайское население быстро стареет. Ситуация пока не такая тяжелая, как в Японии, но мы теряем много рабочей силы. Это уже негативно влияет на экономику.

Ну что, если пенсионеры могут, наоборот, помочь экономике? Джон Гит, врач геронтолог из Англии, уверяет: это возможно.

- Я встречал настоящих суперэйджеров - людей, которые доживают до глубокой старости здоровыми и с ясным умом. Но мы пока не понимаем до конца почему так происходит.

Ученые исследуют мозг людей, которые остаются полны сил и в 80. Оказывается, их нейроны работают так же хорошо, как у 20-летних. И главный секрет - желание учиться всю жизнь.

- Я сейчас занимаюсь Диджитал-арт - компьютерным искусством, цифровым искусством. Если работать, да, если есть у тебя какая-то цель, ты можно сказать, бессмертен.

Виктор Сосновцев - один из самых ярких российских суперэйджеров: два высших образования, инженерное и художественное, карьера актера и музыканта. В 78 он стал моделью, снимается для российских и международных брендов.

- Не могу же я быть с лохматой бородой.

И если ученые все же разгадают секрет суперэйджеров, то быть может будущее стареющей планеты окажется таким...

Источник: https://yandex.ru/video/preview/11719959225774986737

ВОПРОСЫ:

1. Как называется книга, основанная на судьбах стариков в Японии?

- a) "Старики преступного мира"
- b) "Долгожители: светлая сторона"
- c) "Тайны старения в Японии"

2. Какое утверждение относится к мнению большинства людей в Японии, согласно опросам?

- a) они против введения эвтаназии
- b) они поддерживают введение эвтаназии
- c) они не имеют мнения по этому вопросу

3. Какое поколение занимает ключевые посты в политике и бизнесе Японии?

- a) молодое поколение
- b) среднее поколение
- c) пожилые люди

4. Сколько детей теперь разрешено в Китае?

- a) три
- b) два
- c) четыре

5. Какой фактор, согласно Джону Гиту, может помочь людям дожить до глубокой старости здоровыми и с ясным умом?

- a) генетическая предрасположенность
- b) желание учиться всю жизнь
- c) регулярное физическое упражнение

Задание 2. Послушайте и прочитайте статью. Ответьте на вопросы.

СТАРЕЮЩАЯ ПЛАНЕТА: ЧИСЛО ПЕНСИОНЕРОВ УГРОЖАЕТ МИРОВОЙ ЭКОНОМИКЕ.

Наша планета стремительно стареет: каждую секунду в мире свое шестидесятилетие отмечают два человека. За последние три десятилетия население в возрасте 60 лет и старше удвоилось, при этом к 2050г. его доля вырастет еще в два раза.

По прогнозам ООН, к середине века на Земле будет жить около 3,2 миллиона людей старше 100 лет, в то время как на сегодняшний день их насчитывается немногим более 300 тысяч.

Доля пожилых людей в общей структуре населения растет быстрее, чем какой-либо другой возрастной группы. На мировой карте появляется все больше "старых" стран - государств с более чем 7% населения старше 65 лет.

Продолжает стремительно увеличиваться продолжительность жизни граждан как развитых, так и развивающихся территорий. Если в 1950-х гг. человек в среднем жил 47 лет, то к 2010г. этот показатель вырос до 69 лет. Ожидается, что к 2050г. среднестатистический житель нашей планеты будет умирать в 76 лет, а к 2100г. - в 85.

Пожилых людей стало больше из-за улучшения качества здравоохранения, интенсивного развития медицины, усовершенствования санитарного надзора, расширения доступности образования и экономического благополучия. Безусловно, возможность проживать длинную жизнь - триумф человеческого развития, однако старение населения несет с собой и множество новых вызовов.

Из-за увеличения числа пожилых людей различным странам не избежать проблем при формировании социальных бюджетов и построении пенсионных систем. Происходящее параллельно сокращение количества людей трудоспособного возраста больно ударит по налоговым поступлениям, без которых просто невозможно содержать растущую "армию" пенсионеров. Это серьезная угроза для уровня жизни населения всех без исключения возрастов.

Старость Западу не в радость

В отличие от развивающихся государств, которые столкнулись с проблемой старения населения лишь в последние несколько десятилетий, развитые страны переживают этот процесс более ста лет. Количество пожилых людей в них уже превысило численность детей, а к 2050г. пенсионеров в США, Западной Европе и Японии будет проживать и вовсе в два раза больше, чем молодых граждан.

Первое место в мире по доле пожилого населения занимает Япония: в Стране восходящего солнца сегодня живет почти 25% людей в возрасте 65 лет и старше.

Стремительно приближается к ней и другое развитое азиатское государство - Южная Корея, которая из-за очень низких показателей рождаемости может в недалеком будущем стать одной из наиболее "старых" стран на планете.

В непростой ситуации пребывают Соединенные Штаты, где на федеральные программы по обеспечению медицинского страхования пожилых людей, специального ухода за ними, предоставлению им услуг здравоохранения, приходится более 10% ВВП.

Еще меньше поводов для оптимизма у Европы, ведь на сегодняшний день пенсионные расходы государств, входящих в Евросоюз, "съедают" около 13% их валового внутреннего продукта. В дальнейшем на содержание пожилых людей европейские страны будут вынуждены тратить еще больше средств. Так, в Великобритании расходы бюджета только на пенсии в ближайшие 45-50 лет могут вырасти почти на 3 процентных пункта - до 8,4% ВВП.

На каждого европейского пенсионера сегодня в среднем приходится четыре человека трудоспособного возраста, однако уже к 2050г. это соотношение может составить 1 к 2. "Стареющее население и тяжесть пенсионных и социальных расходов снижает экономический рост. Если ничего не предпринять сегодня, в дальнейшем будет намного сложнее", - указывает главный экономист Swedbank в Риге Мартин Казакс.

За последние два десятилетия доля детей в странах ЕС снизилась на 3,7 процентных пункта, в то время как пожилых людей стало больше на 3,6 процентных пункта. При сохранении существующих тенденций трудоспособное население континента к 2050г. сократится на 40 млн человек. Подобный сценарий станет настоящим кошмаром для европейской экономики, которая не сможет на равных конкурировать с более "молодыми" и динамично развивающимися странами.

Проблему стареющего населения в развитом мире усугубляет нынешнее кризисное состояние мировой экономики. Компании, массово увольняющие своих сотрудников, часто в качестве компенсации предлагают бывшим работникам различные пенсионные схемы. При этом сокращение возрастного штата в большинстве своем не предполагает прием на их место новых сотрудников, то есть потенциальных налогоплательщиков. Таким образом, вся тяжесть пенсионного обеспечения уволенных граждан ложится на государство, чей бюджет и без того трещит по швам.

Старение населения для Западной Европы, США и Японии становится одной из ключевых проблем, решение которой требует от властей этих стран поистине титанических усилий. И они гораздо больше тех, которые направлены на борьбу с нынешним экономическим кризисом. Эксперты рейтингового агентства Fitch справедливо указывают, что "старение" развитых стран грозит их фискальным системам очередным коллапсом.

Китайская бомба замедленного действия

Гораздо быстрее развитых "стареют" развивающиеся государства. В настоящее время 7 из 15 стран с более чем 10 млн пожилого населения представляют именно развивающийся мир. К 2050г. количество старых людей превысит 10 млн человек в еще 15 "догоняющих" экономиках. При этом приспосабливаться к новым реалиям им гораздо сложнее, чем США и Европе.

Перед отстающими экономиками встает задача построить эффективно работающие системы социального обеспечения и здравоохранения. Развивающиеся страны будут вынуждены направлять значительную часть ресурсов на модернизацию медицины и выстраивание универсальной модели ухода за пожилыми людьми. Не избежать им и перестройки ныне функционирующих пенсионных систем.

Традиционно старость родителей в развивающихся государствах обеспечивали их дети. Однако в условиях стремительного увеличения количества пенсионеров и не менее интенсивного сокращения численности трудоспособного населения эта ноша может в скором времени стать для молодого поколения непосильной.

Более того, объективная реальность такова, что в крайне индивидуализированном и стремительно меняющемся мире все меньше молодых людей готовы обеспечивать своих родителей в старости. Без соответствующей системы поддержки со стороны государства развивающийся мир уже в недалеком будущем может столкнуться с масштабными социальными проблемами.

Среди бурно развивающихся стран быстрее остальных "стареет" Китай, где к 2050г. люди в возрасте 65 лет и старше составят четверть населения. Если в развитых государствах доля населения старше 60 лет выросла за 60 лет (с 1950г. по 2010г.) на 3 процентных пункта, то в КНР она стала больше на 3,8 процентного пункта всего за период с 2000 по 2010гг. К середине века в Поднебесной будет проживать 480 млн пожилых китайцев. "Это настоящая бомба замедленного действия", - отмечает глава Центра госполитики Брукингс-Цинхуа Ван Фэн.

В конце 1970-х - начале 1980-х гг. китайское правительство начало поощрять вступление в брак в более позднем возрасте, а также увеличение временных периодов между родами. Тогда же стартовала крайне противоречивая демографическая политика, в рамках которой семье разрешалось иметь не больше одного ребенка. Государство стало ограничивать численность населения ради масштабной модернизации экономики.

Инициативы властей серьезно сказались на уровне рождаемости в КНР: среднее количество детей у одной китаянки в течение жизни снизилось с 5,8 до 1,6 (меньше аналогичного показателя в США и Великобритании).

Складывающаяся ситуация ставит под угрозу главное конкурентное преимущество КНР - численность трудоспособного контингента, который сегодня состоит из 980 млн человек. Именно колоссальные трудовые ресурсы ориентированного на экспорт Китая стали мотором стремительного развития национальной экономики в течение трех последних десятилетий.

По прогнозу профессора Академии социальных наук Жень Бинвэна, начиная с 2015г. трудоспособное население будет непрерывно снижаться на 1,5% в год вплоть до 2045г. Стремительное уменьшение количества работников неизбежно приведет к росту их зарплат и удорожанию рабочей силы.

Сетует на проблему и китайский бизнес. "В стареющем обществе не просто уменьшается количество работников. Становится меньше молодежи, которая более склонна к предпринимательству", - поясняет основатель одного из ведущих китайских онлайн-агентств путешествий Ctrip Джеймс Лианг. Бессмысленно отрицать, что в 30 лет человек более склонен браться за новые идеи и открывать свое дело, чем в 40 лет, когда он неохотно идет на риск из-за ответственности за своих юных детей или пожилых родителей.

Китай стал одним из немногочисленных государств, которое "состарилось" раньше, чем разбогатело. Более 60% стран перешагнули порог старости, когда их ВВП на душу населения превышал 10 тыс. долл. Еще 30% государств "постарели" при показателе 5 тыс. долл. В КНР же доля населения старше 65 лет превысила 7%, когда валовой внутренний продукт на одного жителя не достиг и 1 тыс. долл.

России не уйти от тяжелых решений

Проблема стареющего населения актуальна и для России. На 2012г. количество жителей нашей страны в возрасте 60 лет и старше составляло 26,5 млн человек или почти 19% от общей численности людей, живущих в РФ. Возрастной порог в 65 лет превысил уже каждый восьмой российский житель. В дальнейшем старение россиян приобретет еще больший масштаб: согласно официальному демографическому прогнозу, к 2030г. доля населения в возрасте 65 лет и старше превысит 28%.

С 2010г. в России наметилось долгосрочное снижение количества граждан трудоспособного возраста. Уже в ближайшее время наша страна лишится значительного количества работников - более 7 млн человек к 2020г. По прогнозам ООН, к 2050г. в России доля самой экономически активной части граждан страны (20-60 лет) будет едва превышать половину от общей численности населения.

Степень важности проблемы понимают не только отечественные демографы и экономисты, но и власти. Президент РФ Владимир Путин неоднократно называл стремительное старение населения тревожным демографическим фактором. "Мы должны переломить эти негативные тенденции. Переломить, опираясь на системную и хорошо просчитанную политику в этой сфере", - заявлял нынешний глава государства еще в 2006г. На данный момент реальных изменений не происходит, и численность пенсионеров растет без замещения их трудоспособными российскими гражданами.

Многие эксперты считают, что по-настоящему действенной мерой, которая изменит негативную для российской экономики тенденцию, должно стать повышение пенсионного возраста. О неизбежности ее введения в одной из своих статей рассуждают экс-министр финансов РФ Алексей Кудрин и руководитель Экономической экспертной группы Евсей Гурвич. По их мнению, во избежание тяжелых последствий в будущем приступать к повышению пенсионного возраста нужно как можно скорее.

"Границы, определяющие наступление пожилого возраста и состояния нетрудоспособности, неправомерно считать фиксированными, раз навсегда заданными, они должны регулярно корректироваться", - пишут А.Кудрин и Е.Гурвич.

Однако столь болезненная для общества мера далеко не однозначна. Увеличение пенсионного возраста в нашей стране несет огромное количество рисков как для пожилых граждан, так и для работающего населения. Множество вопросов об успешности данной меры возникает и из-за реалий, в которых сегодня пребывает наша страна. Во-первых, в России чрезвычайно слабо развит рынок труда для пожилых людей. Во-вторых, для нашей страны по-прежнему типичны ситуации, когда пожилых людей увольняют по достижении ими определенного возраста.

Весьма сомнительна целесообразность повышения пенсионного возраста в России и из-за острого дефицита мест в детских садах. В настоящее время эту проблему во многом решают женщины, которые выходят на пенсию в 55 лет и ухаживают за внуками, позволяя своим дочерям возвращаться к работе. Эти же пенсионеры из-за острой нехватки в нашей стране услуг по социальному обслуживанию возрастного населения очень часто помогают своим престарелым родителям.

Во избежание многократного увеличения налоговой нагрузки на работающих граждан, с одной стороны, и подрыва благосостояния пенсионеров, с другой, российским властям придется принимать непростые решения, которые могут вызвать серьезный протест у той или иной возрастной группы.

Задачи на десятилетия вперед

Несмотря на множество негативных последствий, которые связаны со старением населения, у государств еще есть время приспособиться к стремительно меняющимся обстоятельствам. Люди старшего поколения вносят огромный вклад в развитие любой сферы общественной деятельности. Мировые правительства (особенно развивающихся стран) должны признать это и всецело заняться выработкой политики, которая обеспечит эффективное функционирование национальных экономик в новой демографической ситуации.

Для любой прогрессивной экономики пожилые люди - ценный и продуктивный ресурс. Поэтому для полного раскрытия их потенциала власти должны менять сложившуюся практику на рынке труда, которая ориентирована исключительно на молодое поколение. Более того, правительствам предстоит модернизировать существующие программы господдержки возрастных граждан, поощрять рост их накоплений до наступления пенсионного возраста и принимать меры по увеличению периода трудовой активности.

Источник: https://www.rbc.ru/economics/23/08/2013/57040e499a794761c0ce0f23

ВОПРОСЫ:

1. Какие проблемы возникают у различных стран из-за увеличения числа пожилых людей?

a) проблемы в формировании социальных бюджетов и пенсионных систем
b) проблемы в развитии медицины
c) проблемы с доступностью образования

2. Что предлагают компании своим уволенным сотрудникам в качестве компенсации?

a) новую работу
b) различные пенсионные схемы
c) безусловные пособия

3. Кто несет основную тяжесть пенсионного обеспечения уволенных граждан?

a) компании
b) государство
c) сами уволенные граждане

4. Какие возможности развития предлагают эксперты для пожилых людей в России?

a) обеспечение доступа к образованию и новым навыкам
b) улучшение условий жизни и медицинского обслуживания
c) развитие рынка труда и создание новых рабочих мест

5. Какое решение может привести к многократному увеличению налоговой нагрузки на работающих граждан?

a) развитие рынка труда для пожилых людей
b) расширение социального обслуживания пожилых граждан
c) повышение пенсионного возраста

Задание 3. Послушайте и прочитайте статью.

В ООН ПРЕДЛАГАЮТ КОНКРЕТНЫЕ МЕРЫ ДЛЯ ПОДДЕРЖКИ СТАРЕЮЩЕГО НАСЕЛЕНИЯ ПЛАНЕТЫ.

По прогнозам ООН, в ближайшие десятилетия число людей в возрасте 65 лет и старше во всем мире увеличится более чем вдвое – с 761 миллиона в 2021 году до 1,6 миллиарда в 2050-м. Численность людей старше 80 лет будет расти еще быстрее. Об этом говорится в опубликованном в четверг докладе Департамента ООН по экономическим и социальным вопросам.

В мире, который сотрясают многочисленные кризисы, включая рост стоимости жизни, указывают авторы доклада, проблема охраны прав и благополучия пожилых людей должна находиться в центре коллективных усилий по достижению устойчивого будущего.

Долгая жизнь и возможности для развития

В докладе отмечается, что старение населения остается определяющей глобальной тенденцией нашего времени. Ребенок, родившийся в 2021 году, вероятнее всего, проживет в среднем почти на 25 лет больше, чем человек 1950 года рождения. При этом женщины по продолжительности жизни опередят мужчин в среднем на пять лет.

В Северной Африке, Западной Азии и Африке к югу от Сахары в ближайшие три десятилетия ожидается самый быстрый рост числа пожилых людей в мире, в то время как в Европе и Северной Америке доля этой категории населения самая высокая в истории уже сейчас. Согласно отчету, этим изменениям способствовали прогресс в сфере медицинских услуг, расширение доступа к образованию и сокращение рождаемости.

Путь к неравенству

На продолжительность жизни в современном мире в значительной степени влияют доход, образование, пол, этническая принадлежность и место проживания, говорится в докладе. Неблагоприятные комбинации этих факторов часто приводят к системному неблагополучию, которое начинается уже в раннем возрасте.

Плодами прогресса в области здравоохранения и образования могут воспользоваться далеко не все. В то время как многие пожилые люди здоровы и экономически независимы, другие живут с тяжелыми недугами и прозябают в нищете.

В развитых регионах планеты государство обеспечивает более двух третей потребностей пожилых людей. В менее развитых регионах пожилые люди, как правило, работают дольше и в большей степени полагаются на свои сбережения и помощь близких.

Кроме того, государственные расходы в большинстве таких стран недостаточны для удовлетворения растущего спроса на долгосрочный уход.

Без политики, направленной на их предотвращение, системные неблагоприятные факторы усиливают друг друга на протяжении всей жизни людей, приводя к значительному социальному неравенству в старшем возрасте. Такое положение вещей замедляет прогресс в достижении Целей устойчивого развития, включая ЦУР 10 «Сокращение неравенства».

Дальнейшие действия

Происходящий на наших глазах демографический сдвиг, убеждены авторы документа, должен сопровождаться переосмыслением устоявшейся социально-экономической политики и практики. В своем программном докладе «Наша общая повестка дня» Генеральный секретарь ООН Антониу Гутерриш призвал к реализации долгосрочных инициатив, способствующих обеспечению доступа к качественному образованию, здравоохранению и достойной работе на протяжении всей жизни.

Многие страны уже внедряют возможности для обучения в течение всей жизни, в полной мере используют преимущества трудовых ресурсов, создаваемых представителями разных поколений, а также вводят гибкий возраст выхода на пенсию, учитывающий широкий спектр конкретных ситуаций и личных предпочтений.

Правительствам, говорится в докладе, необходимо создавать сбалансированные бюджеты при одновременном снижении неравенства в обществе, а также реформировать системы социальной защиты, включая пенсионные фонды.

«Важнейшим элементом обеспечения устойчивого и инклюзивного экономического роста в стареющем мире должно стать расширение возможностей получения достойной работы для женщин и других групп, оказавшихся на задворках рынка труда», – убеждены авторы доклада ООН.

Источник: https://news.un.org/ru/story/2023/01/1436567

ВОПРОСЫ:

1. Какие факторы способствовали изменению числа пожилых людей в мире?

   a) рост стоимости жизни
   b) прогресс в сфере медицинских услуг
   c) увеличение рождаемости

2. Какой регион имеет самую высокую долю пожилого населения в настоящее время?

   a) Африка к северу от Сахары
   b) Северная Америка
   c) Европа

3. Какая политика может предотвратить системные неблагоприятные факторы?

   a) политика экономического развития
   b) политика обеспечения равных возможностей
   c) политика религиозной толерантности

4. Какой демографический сдвиг происходит на данный момент?

   a) увеличение пожилого населения
   b) увеличение молодого населения
   c) увеличение среднего возраста населения

5. Что означает гибкий возраст выхода на пенсию?

   a) пенсионный возраст зависит от национальной культуры
   b) пенсионный возраст изменяется в зависимости от инфляции
   c) пенсионный возраст адаптируется к конкретным ситуациям и предпочтениям

3.2 Ready, Set, Speak! СТАРЕНИЕ НАСЕЛЕНИЯ.

Языковые средства

- ➢ На самом деле
- ➢ По сути
- ➢ Относительно …
- ➢ На мой взгляд
- ➢ По мнению экспертов
- ➢ В общем
- ➢ Суть проблемы в том, что …

Ключевая лексика

- демографический кризис
- пожилые люди
- увеличение продолжительности жизни
- уменьшение рождаемости
- пенсионный возраст
- старение населения
- медицинские услуги для пожилых
- проблемы со здоровьем
- повышение доли пожилого населения

- угроза нехватки рабочей силы
- уход за пожилыми
- социальное обеспечение
- снижение рождаемости
- качество жизни
- соцобеспечение
- гибкий возраст выхода на пенсию
- демографический сдвиг
- перенаселение планеты

«Старение населения»: главные тезисы по теме

- Старение населения — это процесс, при котором доля пожилого населения в общей численности населения страны или региона возрастает со временем. Существует общепризнанная тенденция к увеличению средней продолжительности жизни и снижению рождаемости, что приводит к старению населения во многих странах.
- По мере улучшения условий жизни, доступности медицинского обслуживания и сокращения детской смертности, рождаемость снижается, в то время как продолжительность жизни увеличивается. Это приводит к изменению структуры населения и увеличению доли пожилого населения.
- Старение населения создает ряд демографических вызовов для общества. Это включает увеличение потребности в медицинском обслуживании и долгосрочном уходе за пожилыми людьми, повышение социальных расходов на пенсии и пенсионное обеспечение, а также необходимость адаптации общественной инфраструктуры для обеспечения комфортной жизни пожилых людей.

- Старение населения оказывает значительное влияние на экономику. Снижение численности рабочей силы и увеличение расходов на пенсии и здравоохранение создают финансовые нагрузки для государства.
- Старение населения влияет на социальные отношения и динамику семьи. Увеличение числа пожилых людей может привести к необходимости перераспределения ролей и ответственности внутри семей, а также увеличить потребность в социальной поддержке и уходе.

Фразеологизмы

- бомба замедленного действия
- многогранная проблема
- титанические усилия
- быть на закате своих дней
- увядание нации
- золотые годы

> Золотые годы - период жизни, когда люди достигли пожилого возраста и могут наслаждаться своей жизнью, потому что у них появляется больше свободного времени.

> Во многих европейских странах мы наблюдаем увядание нации в связи с демографическими, экономическими и политическими проблемами.

> Старение населения - бомба замедленного действия.

Прилагательные

Население *какое?* местное, коренное, трудоспособное, взрослое, основное, активное, растущее.

Рождаемость *какая?* Низкая, высокая.

Расходы *какие?* Государственные, большие, бюджетные, огромные, социальные, необходимые, значительные, крупные, медицинские.

Факты и информация

По оценкам Организации Объединенных Наций, к 2050 году количество людей в возрасте 60 лет и старше превысит 2 миллиарда, что составит около 22% от общей численности населения мира. Япония и Южная Корея считаются странами с наиболее стареющим населением. В Японии более 28% населения имеют возраст 65 лет и старше, а в Южной Корее - около 20%. Швейцария известна своим высоким уровнем долголетия. По данным Всемирной организации здравоохранения, средняя продолжительность жизни в Швейцарии составляет около 83 лет для мужчин и 86 лет для женщин.

Во многих странах наблюдается уменьшение численности рабочей силы, что может привести к экономическим проблемам и снижению производительности. Стареющее население также создает новые экономические возможности. По данным ЮНИДО (Управление Организации Объединенных Наций по промышленному развитию), стареющее население может стимулировать рост в отраслях, связанных со здравоохранением, технологиями и услугами для пожилых людей. Большинство пожилых людей проживает в городах. Урбанизация создает уникальные вызовы для обеспечения доступности социальных услуг, медицинского обслуживания и поддержки для стареющего населения.

Стареющее население приводит к изменениям в структуре семьи и общества. Возрастающая потребность в уходе за пожилыми родственниками может влиять на роли и обязанности внутри семьи, а также требовать развития новых форм социальной поддержки. Старение населения — это глобальный вызов, требующий координированного действия со стороны правительств, организаций и общества в целом.

Вопросы для обсуждения

1. Порассуждайте о социальных и экономических проблемах, связанных со стареющим населением.
2. Какие меры можно предпринять для поддержки и улучшения жизни пожилых людей в России, Европе, США, Японии, КНР?
3. Какие изменения в социальной структуре и семейных отношениях могут возникнуть в связи со стареющим населением?
4. Какие изменения необходимо сделать в городской среде для обеспечения комфортной жизни пожилых людей?
5. Как можно справиться с экономическими вызовами, связанными со стареющим населением, такими как снижение численности рабочей силы и увеличение расходов на пенсии и здравоохранение?
6. Какова роль международного сотрудничества в решении проблем, связанных со старением населения?
7. Какие программы на государственном уровне могут быть эффективными для поддержки пожилых людей?
8. Как социальные и культурные представления о старении и пожилых людях влияют на их положение в обществе и доступ к ресурсам и услугам?
9. Какие роли и виды ответственности должны иметь семья, общество и государство в поддержке пожилых людей?
10. Какие уроки можно извлечь из опыта стран с развитыми системами поддержки стареющего населения?

Тема 4: СВОБОДА СЛОВА

4.1 Подготовка к говорению.

Изучите материал.

Задание 1. Обсудите инфографику.

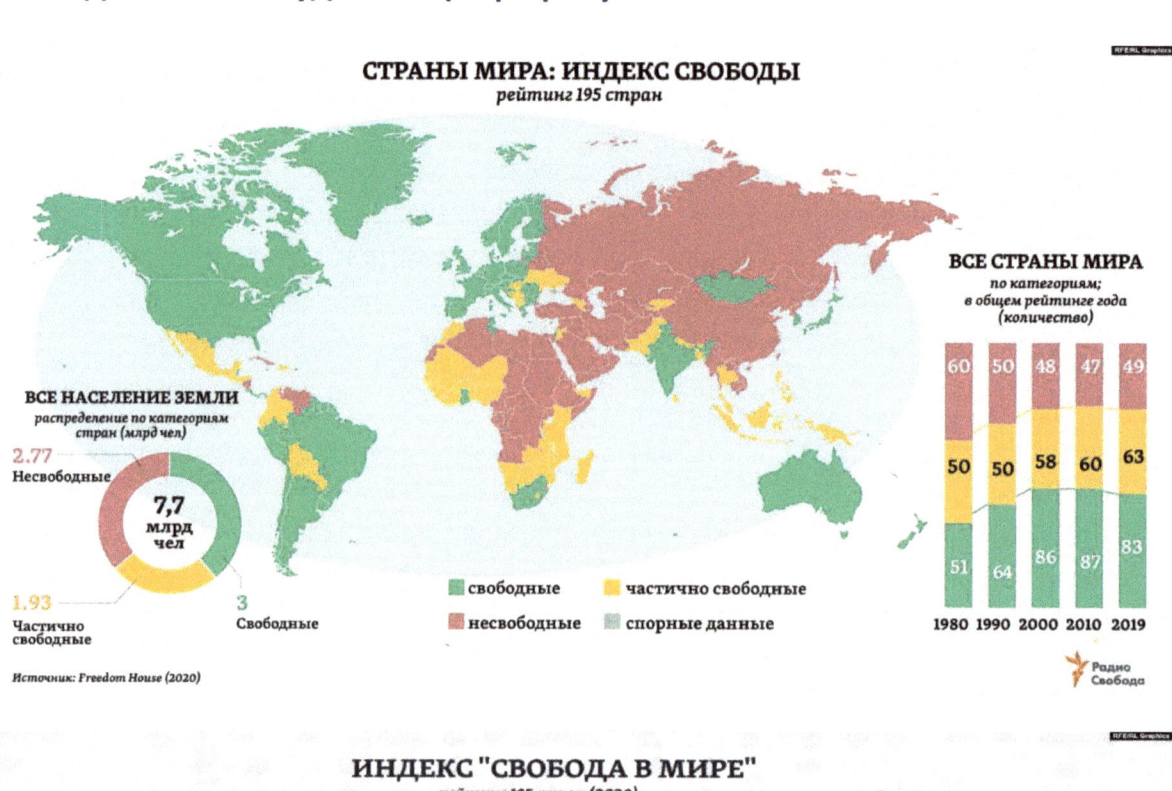

Источник: https://storm100.livejournal.com/7599068.html

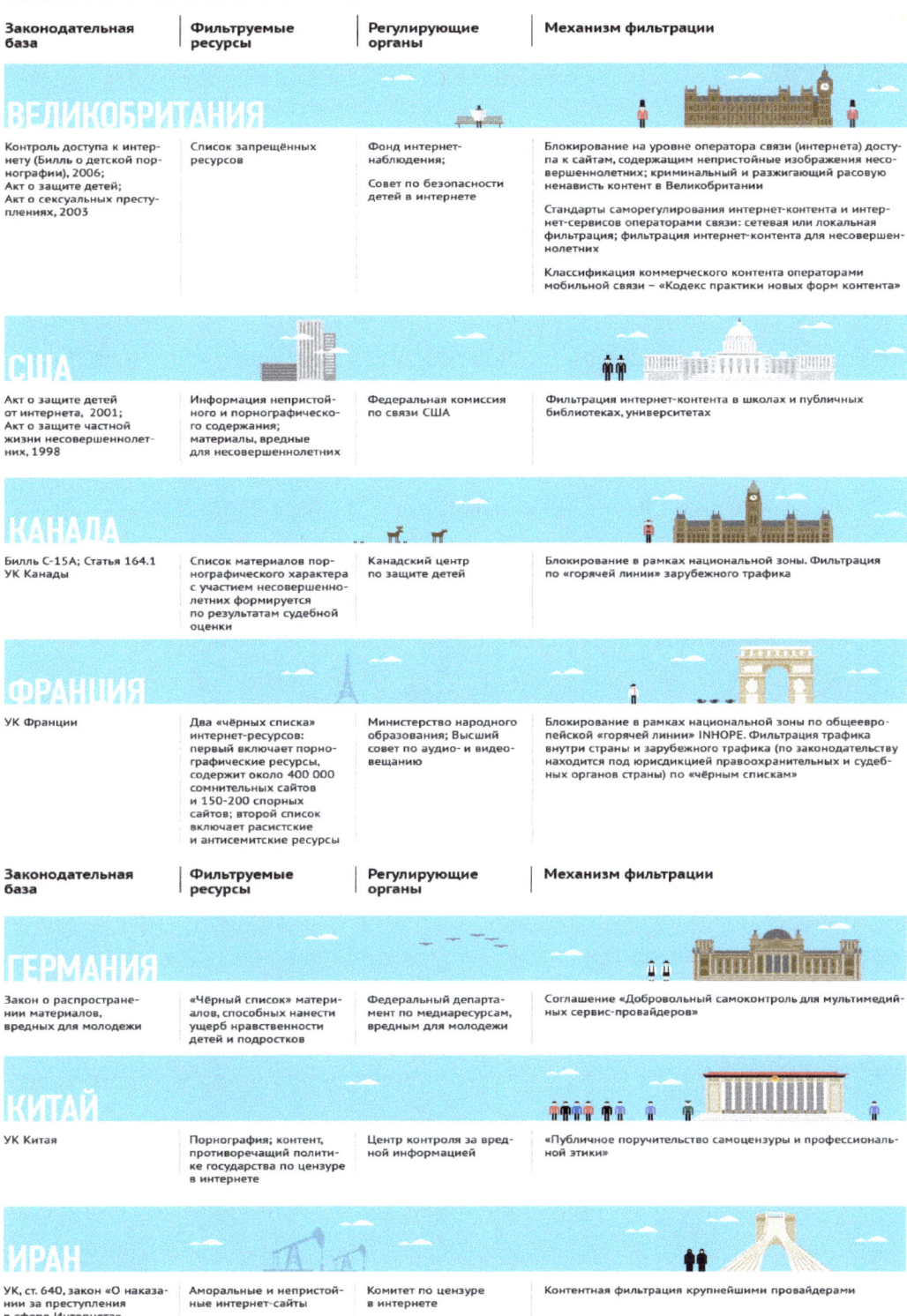

Задание 2. Послушайте и прочитайте статью. Ответьте на вопросы.

СВОБОДА СЛОВА - ЧТО ЭТО ЗНАЧИТ?

Как понимать свободу слова и какие подводные камни таит в себе это явление?

Это сладкое слово - свобода

Свобода — нормальное естественное состояние человека. Современный человек немыслим без свободы. Будь то личная свобода или гражданская, экономическая или социальная. Философы считают, что свобода выражается в возможности действовать по своему желанию, в соответствии со своими целями и интересами.

В начале было Слово

Любой стремящийся к свободе человек изначально нуждается в свободе мысли, речи, языка, слова. Это естественная базовая потребность человека. Без возможности свободно выражать свои мысли, не было бы огромного накопленного опыта человечества в познании явлений и новых открытий. И, как верно заметил русский философ Вл. Соловьев: «не могли бы образоваться ни наука, ни искусство, ни гражданское общежитие».

Высказывать беспрепятственно свое мнение, излагать свое видение, без опасений выражать свою позицию в том или ином вопросе - это все свобода слова, именно так ее понимают в современном обществе.

Право на свободу слова

Право на свободу мысли и слова — естественное природное право человека. Наряду с такими правами, как право на жизнь, свободу, достоинство, неприкосновенность личности и другие, свобода мысли и слова является необходимой предпосылкой жизнедеятельности цивилизованного общества и должна быть безоговорочно признана и охраняема государством.

Исторически длительное становление и развитие прав человека, в том числе и права на свободу слова, сопровождалось жестоким противоборством и трудными поисками оптимального способа взаимоотношений между индивидами и властью в государственно-организованном обществе.

Свобода слова изначально рассматривалась как традиционный комплекс правил и требований, имевших нравственно-этическое, духовно-культурное и религиозное обоснование.

В современном обществе свобода слова упомянута в ряде международных и российских документах:

- «Конституция РФ» – статья 29;

- «Всеобщая декларация прав человека» – 19 статья;
- «Европейская конвенция о защите прав человека и основных свобод» – статья 10.

Из чего состоит свобода слова

Свобода слова включает несколько структурных элементов:

- Возможность публично выражать свои мысли, идеи и суждения и распространять их любыми законными способами;
- Свободу печати и других средств массовой информации без цензуры и право создавать и использовать органы информации, позволяющее материализовать свободу выражения мнений;
- Право на получение информации, представляющей общественный интерес или затрагивающей права граждан, то есть на свободу доступа к источникам информации.

Свобода слова и демократия

Свобода слова является одной из основ демократического общества. Без свободы слова трудно представить участие граждан в процессе принятия политических решений. Ведь только в том случае, когда гражданам предоставлен доступ к необходимой информации и они могут выразить свое мнение, общество с представительным правлением имеет возможность принимать решения демократическим путем.

Свобода слова при демократии важна для раскрытия и предупреждения злоупотреблений чиновников. Благодаря свободе слова усиливается прозрачность государственной службы, управления, ставится вопрос об отчетности чиновников перед народом, повышается их ответственность, уменьшается возможность сосредоточивать в своих руках огромную власть незаконным путем.

Из этого следует, что всякая попытка властей пресечь какую-либо публикацию или теле- и радиопередачу самым решительным образом подлежит расследованию и доведению виновных лиц до ответственности в различных ее формах. Отсутствие гласности о власти и чиновниках носит, по сути, антидемократический характер и порождает бюрократические злоупотребления.

Свобода слова – зло или благо?

Свобода слова несет в себе как позитивные функции, так и негативные.

Свобода слова помогает:

- установить истину;
- установить подлинно демократическое правление;

- разрешать споры, не прибегая к насилию;
- отдельному лицу самореализоваться как члену общества.

В то же время свобода слова позволяет:

- манипулировать сознанием людей;
- искажать факты, создавать фейки;
- подрывать нравственные устои общества, ценности.

Нужны ли границы свободы слова?

Независимость, свобода слова только тогда благотворны, созидательны, когда они пребывают в системе других ценностей и, прежде всего, моральных, в результате внутреннего осознания того, что можно, а чего нельзя и даже вредно для общего блага. Если же свобода ничем не ограничена (ни моралью, ни правом), то она вытаптывает и истребляет все вокруг и себя в том числе.

В погоне за наживой современные средства массовой информации, блогеры, стремясь удовлетворять самые неприхотливые и даже низменные вкусы аудитории, очень часто переходят черту, идут вразрез с интересами общества.

Поэтому государство должно устанавливать рамки, ограничения на основе следующих принципов:

- опора на закон;
- четкое и недвусмысленное толкование закона;
- преследование легитимных целей, необходимых и адекватных в их достижении.

Свобода слова как феномен

Говорить сегодня о свободе слова подобно хождению по минному полю. С одной стороны, свобода слова является необходимым условием демократии, ее нарушение вызывает справедливое возмущение в обществе. Однако при углублении в проблему, возникает множество трудностей и противоречий. Например, цензура в демократических обществах запрещена. Однако в реальности она все же существует - цензура власти, денег, политики, церкви и т. д.

Социальная практика наглядно демонстрирует, насколько призрачна грань между трактовками свободы слова: как разумного самоограничения - и как вседозволенности; как необходимых цензурных запретов - и как неоправданно жесткого контроля за публикуемым и произносимым словом. И по сей день не существует стран и обществ, в которых ситуация со свободой слова была бы безупречной. Самые, казалось бы, благополучные страны прошли долгий исторический путь проб и ошибок, прежде чем приблизились к оптимальному сегодня пониманию этого феномена и принципа. Но и в них теория нередко серьезно расходится с практикой, а истину трудно бывает отличить ото лжи и манипуляции.

А вы как считаете, почему так происходит?

Источник: https://dzen.ru/media/prsvt_ru/svoboda-slova-chto-eto-znachit-5d08de84f7340a00afa3d673

ВОПРОСЫ:

1. Как философы определяют свободу?

a) возможность действовать по своему желанию

b) возможность достичь материального благополучия

c) возможность социального подъема

2. Какое из нижеперечисленных прав не является необходимой предпосылкой жизнедеятельности цивилизованного общества?

a) право на свободу мысли и слова

b) право на жизнь

c) право на собственность

3. Какой характер имеет отсутствие свободы слова в отношении власти и чиновников?

a) демократический характер

b) антидемократический характер

c) нейтральный характер

4. Какие факторы делают свободу слова благотворной и созидательной?

a) ограничения моралью и правом

b) отсутствие каких-либо ограничений

c) преследование легитимных целей

5. Как можно охарактеризовать грань между трактовками свободы слова?

a) разумное самоограничение и вседозволенность

b) полная свобода выражения и жесткий контроль

c) отсутствие цензурных запретов и противоречивый контроль

Задание 3. Посмотрите видео. Ответьте на вопросы.

ПУТИН УБИВАЕТ СВОБОДУ СЛОВА В РФ

В России и до полномасштабного вторжения, ситуация со свободой слова была не лучшей. Законы о защите чувств верующих, оскорблениях ветеранов и иноагентах приводили журналистов к самоцензуре. Но после 24 февраля 2022-го репрессии начали применять массово. Особенно сейчас, когда невозможность захвата Украины стала очевидной. За попытку рассказать правду огромные сроки получили как многие российские политики и журналисты, так и американский репортер Эван Гершкович. Его освобождения сегодня требуют на самом высоком уровне.

Эван уехал в Россию для подготовки репортажа, чтобы пролить свет на тьму. Все в этом зале его поддерживают. Мы ежедневно работаем над тем, чтобы обеспечить его освобождение. Ищем возможности и инструменты, чтобы вернуть его домой. Журналистика — это не преступление.

Тем не менее, сегодня даже в России узнать правду можно свободно в тех же соцсетях. Поэтому вместо попытки навязать населению свое единственно верное видение, Кремль создает ситуацию, в которой правды нет. Инфо поле просто заваливают множеством противоречащих версий одного события.

Одним из основных методов, и это, кстати, очень эффективный метод в информационную эпоху, потому что это уже не ситуация здесь: одна газета "Правда" и одна подпольная, подпольный какой-то самиздат, переписанный от руки. Нет, это свободный мир, в котором есть интернет. Но когда ты читаешь, что-то, что есть правда, а рядом еще 15 версий, в принципе, ты начинаешь теряться.

Вместе с этим российское государство последовательно ведет пропаганду на укрепление режима. Особенно это видно по цензуре в искусстве. Так, виновными во всех бедах россиян, путинский режим назначил украинцев, либералов и ЛГБТ-сообщества. Поэтому, например, из книг просто вымарывали текст с упоминанием последних. А сама мысль о политической критике стала недопустимой для Кремля. Поэтому фильмы и спектакли с таким посылом отменяют.

Коллеги, которые еще находятся в театре, напуганы. Ребята периодически рассказывают, что им нельзя ничего говорить, их откровенно запугивают. Из репертуара нашего театра исчезли спектакли, которые имели какой-то политический оттенок. Артур Шувалов, актер театра, покинувший Россию в интервью изданию "Холод".

Но обвиняет Москва в гонениях на свободу слова Запад и особенно Украину. При том, что вся система государственной цензуры в России противоречит Конституции самой же России.

Для начала поясним, что согласно российской Конституции, 29-я статья, цензура в Российской Федерации запрещена. Это самое забавное. А дальше уже все остальное является само по себе незаконным действиям.

Пока Кремль продолжает закручивать гайки, Украина уверенно приближается к стандартам ЕС, в том числе и в сфере свободы прессы. Так, в анализе организации "Репортеры без границ" отмечается улучшение экономической ситуации в большинстве СМИ и снижение влияния олигархов.

Источник: https://www.youtube.com/watch?v=BM1lbM9dGHE&t=47s

ВОПРОСЫ:

1. Где можно свободно узнать правду даже в России сегодня?

a) в социальных сетях
b) в официальных государственных источниках
c) в газетах и журналах

2. Какой актер покинул Россию из-за цензуры и запугивания?

a) Эван Гершкович
b) Артур Шувалов

3. Кто получил большие сроки за попытку рассказать правду?

a) российский политик
b) американский репортер
c) российский журналист

4. Какие спектакли и фильмы отменяют в России?

a) те, которые имеют политический оттенок
b) те, которые имеют историческую тематику
c) те, которые имеют религиозную направленность

5. Согласно российской Конституции, какая статья запрещает цензуру?

a) 15-я статья
b) 29-я статья
c) 5-я статья

Задание 4. Послушайте и прочитайте статью. Ответьте на вопросы.

"РЕПОРТЕРЫ БЕЗ ГРАНИЦ": В РОССИИ ОТМЕНИЛИ СВОБОДУ ПРЕССЫ

Вторжение РФ в Украину и другие вооруженные конфликты на планете сыграли решающую роль при составлении рейтинга стран по уровню свободы прессы "Репортеров без границ".

С начала широкомасштабного вторжения в Украину свобода прессы в России практически перестала существовать. Такой вывод делают эксперты международной организации "Репортеры без границ" (RSF), обнародовавшей во вторник, 3 мая, свой ежегодный рейтинг стран по уровню свободы прессы. За прошедший год Россия опустилась в нем со 150 на 155 позицию. В Украине ситуация в этой области также заметно ухудшилась.

По мнению исследователей, военные конфликты и кризисные ситуации по всему миру, а также выросший, в том числе на фоне пандемии коронавируса, уровень насилия по отношению к журналистам оказали ключевое влияние на глобальную ситуацию со свободой прессы. "Убийства и похищения, задержания и физические нападения — все это лишь различные проявления одной и той же проблемы: правительства, группы интересов и отдельные лица хотят при помощи насилия помешать сотрудникам СМИ вести независимое освещение событий, - констатирует официальный представитель "Репортеров без границ" Михаэль Редиске (Michael Rediske). - Этот феномен мы наблюдаем в различных регионах мира: России, Мьянме или Афганистане - даже в Германии, где уровень агрессии по отношению к журналистам достиг невиданных высот".

Россия: массивное давление на СМИ с начала 2021 года

По оценке "Репортеров без границ", еще до начала вторжения России в Украину, произошедшего 24 февраля 2022 года, Кремль существенно усилил давление на независимые СМИ. "Более сотни журналистов и целые редакции в 2021 году были объявлены "иноагентами", многие из-за этого были вынуждены прекратить работу", - напоминают авторы доклада, приводя в пример судьбу радиостанции "Эхо Москвы", телеканала "Дождь" и "Новой газеты", редакцию которой возглавлял лауреат Нобелевской премии мира Дмитрий Муратов.

При определении места России в рейтинге стран по уровню свободы прессы в 2022 году эксперты RSF учли факт запрета в стране зарубежных соцсетей Facebook, Twitter и Instagram, а также изменение национального законодательства, согласно которому за распространение сведений о ВС РФ, которые власти сочтут дезинформацией, грозит до 15 лет тюрьмы.

Украина: ситуация резко ухудшилась с началом войны

Украина опустилась за год в рейтинге RFS с 97 на 106 строчку. По мнению экспертов, ситуация со свободой слова в этой стране серьезно ухудшилась с начала российского вторжения. По данным "Репортеров без границ", как минимум семь сотрудников СМИ погибли в Украине во время работы за первые два месяца боевых действий. В то же время российские военные "целенаправленно нападали на группы журналистов и бомбили телебашни в ряде городов". "Неоднократно сотрудников СМИ похищали или давление оказывали на членов их семей, чтобы заставить их (журналистов. - Ред.) замолчать", - говорится в пресс-релизе организации.

Не давая оценки этому факту, сотрудники RSF оговаривают также, что 20 марта общенациональные телеканалы в стране указом президента Украины Владимира Зеленского были объединены ради проведения единой информационной политики.

Беларусь: ситуация со свободой прессы лучше, чем в России

Примечательно, что, по мнению RSF, даже в Беларуси, где "диктатор Александр Лукашенко с момента своего "переизбрания" в августе 2020 года преследует независимых журналистов с большой жестокостью", ситуация со свободой прессы на данный момент лучше, чем в соседней России. В актуальном рейтинге "Репортеров без границ" эта страна занимает 153 место, что на две позиции лучше российского. Одним из событий, иллюстрирующих текущее положение дел в Беларуси, стало принуждение в мае 2021 года к посадке в Минске лайнера Ryanair ради задержания оппозиционного журналиста Романа Протасевича, отмечают эксперты.

Что касается Центральной Азии, то там, по оценке "Репортеров без границ", "определенная доля свободы прессы и плюрализма СМИ" имеется лишь в Кыргызстане, который занимает в рейтинге организации 72 строчку. В то же время Туркменистан находится в числе замыкающих список: 177 место из 180. В Азербайджане ситуация также остается сложной, поскольку президент страны Ильхам Алиев "сурово преследует" критичных журналистов, констатируют в RSF. По оценке организации, эта страна занимает 154 место в рейтинге.

Германия: участившиеся нападения на журналистов

Германия в 2022 году остается в двадцатке стран с самой благоприятной ситуацией в сфере свободы прессы. Между тем по сравнению с 2021 годом позиции ФРГ несколько ухудшились: с 13 места она опустилась на 16. С точки зрения экспертов RSF, причин такого развития три: изменения законодательства, затрудняющие защиту журналистских источников, сокращение числа ежедневных газет, а также участившиеся случаи насилия по отношению к журналистам во время демонстраций.

Что касается последнего пункта, то за прошедший год эксперты RSF насчитали в Германии 80 подтвержденных случаев нападения на сотрудников СМИ. Это - пик за все время существования рейтинга (с 2013 года). Для сравнения: в 2021 году в ФРГ было 65 задокументированных случаев нападений на сотрудников СМИ, что также представляло собой тогда "антирекорд".

Большинство инцидентов, по данным "Репортеров без границ", происходили на демонстрациях против мер по борьбе с пандемией коронавируса, в которых нередко участвовали сторонники праворадикальных взглядов. Точное число незадокументированных случаев проявления агрессии по отношению к журналистам - как-то угроз, словесных нападок или оскорблений - определить нельзя, добавляют авторы рейтинга.

Скандинавия - лидер в области свободы прессы

Как и в предыдущем году, на "пьедестале почета" среди стран с самой благоприятной ситуацией со свободой прессы оказались скандинавские государства: Норвегия (1 место), Дания (2 место) и Швеция (3 место). При этом в пятерку лидеров впервые вошла страна с постсоветского пространства - Эстония, занявшая 4 место и опередившая таким образом Финляндию всего на одну позицию.

Среди стран с самой несвободной прессой ожидаемо находятся Северная Корея (180 место), Эритрея (179) и Иран (178). Китай, учитывая масштабную цензуру в интернете и пропаганду, ведущуюся как внутри страны, так и за рубежом, занял в 2022 году, по оценке "Репортеров без границ", 175 место. Мьянма в связи с последствиями военного переворота опустилась на 176 строчку.

Мировой рейтинг свободы прессы, ежегодно публикуемый организацией "Репортеры без границ", оценивает ситуацию в этой области в 180 странах мира. В 2022 году RSF впервые использовала для составления рейтинга новую методику, учитывающую пять дополнительных факторов, влияющих на ситуацию со свободой прессы в той или иной стране, а именно: политический, экономический и социо-культурный контекст, правовые рамки и ситуацию в сфере безопасности.

Источник: https://www.dw.com/ru/reportery-bez-granic-v-rossii-otmenili-svobodu-pressy/a-61664526

ВОПРОСЫ:

1. Какой феномен наблюдает организация "Репортеры без границ" в различных регионах мира?

   a) нарушение прав человека
   b) политическая нестабильность
   c) насилие в отношении журналистов

2. Какие последствия грозят за распространение дезинформации о ВС РФ согласно измененному законодательству?

   a) штраф
   b) тюрьма до 15 лет
   c) отстранение от должности

3. Какие цели преследовались при объединении телеканалов в Украине?

a) улучшение информационной политики
b) увеличение числа телеканалов
c) защита прав журналистов

4. Какая страна заняла последнее место в рейтинге свободы прессы в 2022 году?

a) Северная Корея
b) Эритрея
c) Иран

5. Какие изменения привели к ухудшению позиции Германии в рейтинге свободы прессы?

a) увеличение числа газет
b) либерализация законодательства
c) затруднение защиты журналистских источников

4.2 Ready, Set, Speak! СВОБОДА СЛОВА.

Языковые средства

- ➢ Я полагаю …
- ➢ Без сомнений …
- ➢ Стоит отметить, что …
- ➢ Вкратце …
- ➢ Анализирую статистику …

- ➢ Безусловно …
- ➢ По всей видимости …
- ➢ На мой взгляд …
- ➢ Предположительно …
- ➢ Судя по ….

Ключевая лексика

- свобода слова
- мнение
- право
- цензура
- запрет
- ограничение
- преследование
- дискуссия
- критика
- информационная свобода

- пропаганда
- демократия
- права человека
- свобода прессы
- независимость
- открытость
- толерантность
- плюрализм
- активисты
- журналисты
- блогеры

- протест
- критическое мышление
- уровень насилия по отношению к журналистам
- независимое освещение событий
- иноагент

«Свобода слова»: главные тезисы по теме

- Свобода слова является одним из фундаментальных прав человека и основой демократического общества.
- Свобода слова предполагает право каждого человека выражать свои мысли и убеждения без страха преследования.
- Свобода слова должна существовать в рамках законов, защищающих права и свободы других людей.
- Свобода слова играет важную роль в распространении информации, стимулировании общественного диалога, критическом мышлении и контроле за властью.
- Цензура и ограничения свободы слова ущемляют права людей и препятствуют свободному обмену идеями и информацией.
- Свобода слова распространяется не только на словесные высказывания, но и на письменную, устную, электронную и другие формы коммуникации.
- Интернет и социальные медиа сыграли значительную роль в расширении свободы слова, однако они также создали новые вызовы, связанные с дезинформацией и цензурой.

- Свобода слова не должна быть ограничена политическими или экономическими интересами, и должна быть доступна всем независимо от их социального статуса, расы, пола или вероисповедания.
- Свобода слова является основой для развития и прогресса общества, способствует толерантности, плюрализму и сближению различных культур и мнений.

Фразеологизмы

- держать язык за зубами
- голос правды
- крик души
- одержать победу
- не по зубам
- сыт по горло

> Это проблема нам не по зубам.

> Общество уже сыто по горло дискуссиями о свободе слова.

> Многим журналистам в наши дни приходится держать язык за зубами.

Прилагательные

Критика *какая?* Резкая, жёсткая, конструктивная, справедливая, беспощадная.

Пропаганда *какая?* Официальная, антисоветская, западная, массовая, государственная, активная, лживая, идеологическая, либеральная.

Мнение *какое?* Общественное, общее, противоположное, распространённое, мировое общественное, ошибочное, сложившееся, единодушное, субъективное, устоявшееся.

Факты и информация

Некоторые страны применяют цензуру и контроль в отношении интернета, ограничивая свободу слова онлайн. Китай, например, имеет "Великую Китайскую Ограду" — систему интернет-фильтров и блокировок, которая ограничивает доступ к определенным сайтам и контенту.

Во многих странах журналисты сталкиваются с угрозами, насилием и преследованиями из-за их работы. Некоторые известные примеры таких случаев включают убийства журналистов Джамаля Хашогги в Саудовской Аравии и Анны Политковской в России, а также задержание и заключение в тюрьму журналиста Джулиана Ассанжа из WikiLeaks.

Анна Политковская - российская журналистка, известная своими расследованиями нарушений прав человека в Чечне. Она была убита в октябре 2006 года в своем доме в Москве.

Джамал Хашогги - саудовский журналист, который был убит в консульстве Саудовской Аравии в Стамбуле, Турция, в октябре 2018 года. Его убийство вызвало широкий международный скандал и вызвало осуждение по всему миру.

Джулиан Ассанж - основатель WikiLeaks, который был задержан и заключен в тюрьму в Великобритании, а затем подвергся судебному преследованию за публикацию секретной информации. Его дело вызвало дебаты о свободе прессы и защите источников информации.

Вопросы для обсуждения

1. Что для Вас "свобода слова"?
2. Какова роль свободы слова в демократическом обществе? Как она способствует прогрессу?
3. Какие ограничения свободы слова могут быть оправданными? Где проходит граница между свободой выражения и нарушением прав других людей? Например, некоторые высказывания или мнения могут быть оскорбительными или оскорблять определенные группы людей. Где проходит граница между свободой слова и защитой от ненависти и дискриминации?
4. Какое влияние имеет цензура и контроль над СМИ на свободу слова и общественное мнение?
5. Какие последствия могут возникнуть, когда свобода слова ограничена или подавлена? Как это влияет на общество?
6. Какие механизмы и инструменты можно использовать для защиты свободы слова и прав журналистов?
7. Какие вызовы и угрозы существуют в отношении свободы слова в эпоху цифровых коммуникаций и социальных сетей?
8. Как можно балансировать свободу слова и защиту от дезинформации в онлайн среде?
9. Какую роль играют журналисты в обществе?
10. Какие меры можно предпринять, чтобы обеспечить свободу слова и защиту журналистов в странах, где она под угрозой?
11. Приведите примеры, когда журналисты успешно боролись за свободу слова в Вашей стране.

Тема 5. ОСВОЕНИЕ КОСМОСА

5.1 Подготовка к говорению.

Изучите материал.

Задание 1. Послушайте и прочитайте 3 мини - статьи. Кратко перескажите статьи.

VIRGIN GALACTIC ОБЪЯВИЛА ДАТУ НАЧАЛА КОММЕРЧЕСКИХ ПОЛЕТОВ SPACESHIPTWO

Коммерческие полеты суборбитального корабля SpaceShipTwo начнутся 29 июня. Соответствующую дату миссии, получившей название Galactic 01, объявила компания Virgin Galactic. Об этом сообщает SpaceNews.

Первый коммерческий экипаж будет включать трех граждан Италии, которые представляют Военно-воздушные силы и Национальный исследовательский совет страны. Полет продлится около полутора часов. В его ходе планируется провести эксперименты в условиях микрогравитации.

В июне компания Virgin Galactic объявила о начале с 27 июня коммерческих суборбитальных полетов..

В мае корабль SpaceShipTwo (VSS Unity) компании Virgin Galactic впервые за почти два года совершил суборбитальный полет.

В марте самолет-разгонщик VMS Eve (WhiteKnightTwo) компании Virgin Galactic, выступающий носителем космоплана VSS Unity, совершил первый после ремонта перелет из аэродрома Мохаве (Калифорния) на космодром Америка (Нью-Мексико).

Источник: https://lenta.ru/news/2023/06/27/vg/

«РОСКОСМОС» ЗАЯВИЛ О ГРЯДУЩЕМ ПОДПИСАНИИ СОГЛАШЕНИЯ СО СТРАНАМИ АФРИКИ.

«Роскосмос» подпишет полномасштабное соглашение с африканскими странами о сотрудничестве в космосе. Об этом в воскресенье, 25 июня, со ссылкой на главу госкорпорации сообщает «Интерфакс».

По данным агентства, подписание грядущего договора состоится в июле во время форума «Россия-Африка» в Санкт-Петербурге. Руководство «Роскосмоса» проводит турне по странам Африки. В частности, достигнута договоренность с Египетским агентством, там заявили о желании создать масштабное Африканское космическое агентство.

Главы космических агентств России и Египта обсудили принципы и нормы развития российско-египетского сотрудничества в исследовании космоса. Также планируется совместное производство и запуск космических аппаратов, развитие пилотируемой программы и наземной космической инфраструктуры.

В феврале 2023 года генеральный директор «Роскосмоса» Юрий Борисов сообщил, что Россия вместо западных партнеров, отказавшихся от сотрудничества с госкорпорацией по ряду проектов, поищет новых. По его словам, западные санкции затронули госкорпорацию, в результате чего 2022 год оказался непростым для российской космонавтики. «Ищем новых партнеров, встречаемся с нашими коллегами в Юго-Восточной Азии, в Азии», — сказал он. Также Борисов выразил надежду на то, что Россия найдет партнеров в Африке.

Источник: https://lenta.ru/news/2023/06/25/dsc/

КИТАЙ ЗАПУСТИЛ ЭКСПЕРИМЕНТАЛЬНЫЙ СПУТНИК SHIYAN-25

Китай успешно запустил экспериментальный спутник Shiyan-25. Об этом со ссылкой на Китайскую корпорацию аэрокосмической науки и техники сообщает ТАСС.

Для запуска спутника использовалась ракета CZ-6, стартовавшая в 06:18 по московскому времени с космодрома Тайюань в северной части страны.

Космический аппарат Shiyan-25 предполагается использовать в геодезии, городском планировании и предупреждении о надвигающихся стихийных бедствиях.

В июне агентство со ссылкой на Китайскую корпорацию аэрокосмической науки и техники сообщило, что Китай побил собственный рекорд по разовому запуску спутников, выведя на околоземную орбиту сразу 41 малый космический аппарат.

В апреле издание SpaceNews сообщило, что частная компания Space Pioneer (также известна как Beijing Tianbing Technology) первой в Китае запустила носитель, работающий на жидкостном ракетном двигателе.

Источник: https://lenta.ru/news/2023/06/20/shiyan25/?ysclid=ljh816ibxu21775768

Задание 2. Посмотрите видео и прочитайте статью. Ответьте на вопросы.

42 СПУТНИКА ЗАПУЩЕНЫ С КОСМОДРОМА ВОСТОЧНЫЙ.

Всем привет с вами канал Science Daily. 27 июня с космодрома Восточный стартовала ракета носитель Союз -2, на борту которой в космос отправилось сразу 42 спутника. В Роскосмосе сообщили, что носитель отработал штатно. Разгонный блок «Фрегат» отделился от третьей ступени ракеты и вывел космические аппараты на заданные орбиты. Это был девятый пуск российской ракеты носителя в 2023 году и второй с космодрома Восточный. Спустя примерно час после запуска самый крупный спутник, запущенный группой аппаратов «Метеор-М», добрался до нужной орбиты и отделился от «Фрегата». «Метеор-М» - это гидрометеорологический спутник массой более 3000 килограммов, предназначенный для оперативного получения информации в целях прогноза погоды и контроля озонового слоя и радиационной обстановки в околоземном пространстве, а также для мониторинга морской поверхности, включая ледовую обстановку. Он будет работать на орбите высотой 830 километров вместе с другим спутником этой серии, который был запущен в 2019 году. По сравнению с ним новый аппарат оснащен бортовым радиолокационным комплексом на базе активной фазированной антенной решетки и гелиогеофизические приборами. Также на борту, запущенного метеор и установлена аппаратура международной космической системы поиска и спасения Коспас-Сарсат, которая будет оповещать об аварийных ситуациях на судах и самолетах, передавая данные об их местоположении.

Ожидается, что еще два гидрометеорологических спутника этой серии будут разработаны и запущены в 2025- 2026 годах. Также в ходе состоявшегося пуска были запущены три аппарата дистанционного зондирования Земли и 14 спутников технологического назначения для мониторинга судоходства, экологического состояния планеты, для передачи данных и связи. Благодаря одному из них, спутнику «СтратоСат», вместе с компанией «Стратонавтика» будет испытана технология запуска на орбиту еще меньших аппаратов, чем наноспутники -пикоспутников. Кроме того, «Фрегат» доставил в космос 22 научных спутника для мониторинга уровня электромагнитного излучения на поверхности Земли. Для экспериментов по созданию защищенного канала связи, для изучения воздействия космической среды на материалы, для исследования Солнца и солнечно- земных связей и другие. Интересно, что, например, на космических аппаратах «Ярило» установлен модуль солнечного паруса, который будет использоваться для сведения их с орбиты по окончании срока службы. А спутник «Умка» представляет собой светосильный телескоп для осуществления съёмки небесных тел с орбиты Земли. Также вместе с российскими космическими аппаратами были запущены три иностранных спутника. Это арабский спутник для тестирования технологий 5G, малазийский спутник связи и белорусский спутник дистанционного зондирования Земли.

Источник: https://www.youtube.com/watch?v=d61iZVQP6ps

- Каковы основные функции аппарата «Метеор -М»?
- Что такое Коспас-Сарсат?
- В чём отличие наноспутников и пикоспутников?

Задание 3. Послушайте и прочитайте статью. Ответьте на вопросы.

ЧАСТНАЯ КОСМОНАВТИКА КАК ПРЕДЧУВСТВИЕ.

Частные космические компании и сейчас не закрыты для инвестиционных денег. Просто они мало привлекательны — рынка как такового за последние 10 лет не сложилось. Вложения были в основном со стороны энтузиастов и меценатов, как выгодный бизнес эту сферу практически никто не рассматривал, говорят в отрасли. Не так много внимания на нее обращало и государство.

Одна из основных проблем — отсутствие стабильного заказа, рассказал "Ъ FM" Павел Пушкин, два года назад закрывший компанию «Космокурс», которая планировала развивать космический туризм: «Можно частников сколько угодно призывать открывать двери и прочее, но им это будет неинтересно, потому что товар нереализуем. Нужна стабильная система госзаказа, или нужно развивать коммерческий рынок с самых низов, начиная с каких-то спутниковых данных и заканчивая наземными структурами. Если коммерсант увидит стабильный понятный рынок, то, конечно, это будет работать. Я просто не знаю, можно ли это сделать или нет, и почему этого не было сделано. Но сейчас это не работает».

В прошлом году для российских частных компаний закрылся и западный рынок: сейчас игроки не могут как импортировать важные технические компоненты, так и предлагать свои решения коллегам из-за рубежа. В Китае эта сфера активно развивается за счет своих компаний, причем конкуренция достаточно высокая. И в том, что ее выдержат российские игроки, собеседники "Ъ FM" сомневаются. Но, кроме новых проблем, есть и старые. Например, отношение государства к интеллектуальной собственности в этой сфере, отметил автор блога «Открытый космос Зеленого кота», популяризатор науки Виталий Егоров:

«Либо государство передает интеллектуальную собственность, созданную по предыдущим проектам, в интересы частников, как происходит в Китае и США, либо не требует от них интеллектуальной собственности в направлениях, произведенных за счет государства, как происходит в России. В данной ситуации даже до 2014 года российская частная космонавтика находилась в неконкурентных условиях».

В России было несколько громких проектов в области частной космонавтики. Это, например, компания S7 Space, которая несколько лет назад купила плавучий космодром «Морской старт». Сейчас проект законсервирован, но к нему обещали вернуться. Еще одна компания — Dauria Aerospace — обанкротилась в 2018-м. Она поставила «Роскосмосу» два спутника, но после вывода на орбиту связь с ними была потеряна. В итоге госкорпорация взыскивала почти 300 млн руб. неустойки через суд.

Когда власти и бизнес лучше поймут особенности этого рынка, он может стать привлекательнее для инвесторов, пояснил главный редактор портала «Pro космос» Александр Баулин: «Инвестиционных денег, за которые не придется потом сидеть, простите, в России очень мало. Может так случиться, что стартап эти венчурные средства не вернет. Мы знаем, что в этой сфере из 10 стартапов выживает один. К сожалению, пока законодательство еще не приспособлено под такую деятельность. И этим тоже, мне кажется, надо озаботиться, в том числе и "Роскосмосу", если он хочет, чтобы у него появились партнеры из частных компаний».

Успешных частных космических компаний в России немного: это, например, «Спутникс». Сейчас она входит в концерн Sitronics, основной акционер которого АФК «Система». В 2021 году игрок управлял тремя собственными спутниками на орбите. Еще один пример — компания SR Space, инвесторы которого не раскрываются. В 2021 году она провела два пробных запуска суборбитальной ракеты, такого раньше не удавалось сделать ни одному частному игроку из России.

Источник: https://www.kommersant.ru/doc/5773570?ysclid=ljh8yofqyf799952691

- По Вашему мнению, есть ли перспективы развития частной космонавтики в России?
- Какие меры могли бы помочь развитию частной космонавтики в России?
- Как повлияла политическая обстановка на международной арене на сферу космонавтики в России?

Задание 4. Послушайте и прочитайте статью. Ответьте на вопросы.

«НОВУЮ КОСМИЧЕСКУЮ ГОНКУ СЕЙЧАС МЫ ВРЯД ЛИ ПОТЯНЕМ».

Дмитрий Дризе — о перспективах российской космической отрасли.

Космос по-прежнему наше все. Или все-таки уже нет? Этот вопрос будоражит умы последние 10 лет, а то и больше. И четкого ответа, к великому сожалению, нет. Причем есть основания полагать, что позиции, скажем так, скептиков — или как еще их назвать по-другому — выглядят относительно прочными.

Как бы то ни было, Россия выходит из проекта Международной космической станции, куда она вошла в конце 80-х — начале 90-х по причине трудностей с финансированием собственных пилотируемых проектов. С российским уходом МКС, судя по всему, окончательно завершает свое существование. Станцию предполагается затопить в мировом океане.

Без российского участия проект выходит слишком дорогим, к тому же срок эксплуатации «космического дома» уже давно вышел, и физически поддерживать его не имеет смысла. Да и накладно это, ведь речь идет о сумме более $6 млрд в год. Однако мы решили построить новую собственную орбитальную станцию, как когда-то в СССР — в эпоху больших космических свершений.

Рабочее название — РОСС. Есть макет — красивый презентационный ролик — и очень амбициозные планы, как все это будет функционировать в дальнейшем. Не будем оценивать с технической точки зрения — это дело специалистов. Хотя, конечно, можно задаться вопросом относительно того, где брать фонды на столь масштабную программу и как ее осуществить в условиях санкций. Не подведет ли импортозамещение?

В этой связи следует напомнить, что недавно российскую космическую программу активно критиковал Алексей Кудрин на предмет ее эффективности и затратности. И даже тогдашний гендиректор «Роскосмоса» Дмитрий Рогозин вступил с руководителем Счетной палаты по этому поводу в публичную полемику. Сейчас, как известно, у комической отрасли новый глава — бывший вице-премьер Юрий Борисов.

Впрочем, есть еще один важный аспект: бывшие западные партнеры тоже строят грандиозные планы в области космоса, уже выходящие за рамки околоземной орбиты. Совсем скоро — 29 августа — стартует американская лунная миссия Artemis, пока без астронавтов. Однако это лишь начало, США при поддержке союзников по «семерке» намерены вплотную заниматься колонизацией спутника Земли. А там, глядишь, и до Марса недалеко.

У нас есть свой ответ, правда, пока также на уровне красивых презентаций. Бывший глава «Роскосмоса» Дмитрий Рогозин обещал начать освоение Луны к 2030 году и даже отправить туда экспедицию. Однако есть некоторые основания полагать, что новую космическую гонку с Западом, как в советские времена, сейчас мы вряд ли потянем.

Кажется, что все это непросто: и станцию новую построить, и на Луну полететь, и спутники запускать, чтобы космодром Восточный поддерживать. Конечно, нет ничего невозможного, если очень захотеть и всем миром навалиться. Но есть проблема. Дело в том, что, возможно, космос далеко не единственное направление, где придется навалиться. Или же следует по-другому просчитать экономику, как там было? Лучше меньше, да лучше.

Источник: https://www.kommersant.ru/doc/5513618?query=%D0%BA%D0%BE%D1%81%D0%BC%D0%BE%D1%81

- По какой причине Россия выходит из проекта Международной космической станции?
- По мнению Дмитрия Дризе, есть ли у проекта РОСС перспективы?

5.2 Ready, Set, Speak! ОСВОЕНИЕ КОСМОСА.

Языковые средства

- ➢ В результате анализа источников стало ясно/видно …
- ➢ Невозможно не заметить …
- ➢ Ученые имеют различные мнения относительно …
- ➢ Разберемся более подробно в…
- ➢ Из анализа материалов по данной теме можно сделать вывод о …
- ➢ Итак …
- ➢ В заключение следует подчеркнуть …
- ➢ В дополнение следует отметить …
- ➢ Следует отметить, что …

Ключевая лексика

- космический полет
- космическая исследовательская программа
- космический корабль
- международная космическая станция (МКС)
- Роскосмос
- миссия
- галактика
- космический туризм
- астронавт
- телескоп
- космическая экспедиция
- космическая станция
- спутник
- гравитация
- запуск
- космический промышленный комплекс
- вселенная
- космическое исследование
- астрофизика
- жизнь в космосе
- колонизация космоса
- невесомость

«Освоение космоса»: главные тезисы по теме

- В 21 веке достигнуты значительные прорывы в развитии космической технологии, что позволило создать более эффективные и мощные ракеты, космические корабли и спутники.
- Одним из главных направлений в космонавтике 21 века стала марсианская программа. Различные страны и частные компании активно работают над миссиями на Марс, с целью исследования планеты, поиска следов жизни и подготовки к возможной колонизации.
- В 21 веке наблюдается заметный рост частных космических компаний, которые соревнуются с государственными космическими агентствами. Это приводит к

развитию коммерческого космического сектора, включая космический туризм и запуск коммерческих спутников.
- В 21 веке наблюдается усиление международного сотрудничества в космонавтике. Различные страны объединяют свои усилия в создании и поддержке космических программ, таких как Международная космическая станция (МКС), с целью обмена знаниями и ресурсами. К сожалению, международные политические кризисы создают серьёзные препятствия этому сотрудничеству.
- В 21 веке усилилось исследование космоса с помощью космических телескопов и межпланетных зондов. Это позволяет расширить наши знания и понимание Вселенной, открыть новые планеты и галактики.

Фразеологизмы

- покорить космос
- оставить след в истории
- сделать шаг в неизвестность
- космическая гонка

Полет на Луну стал большим шагом для человечества в исследовании космоса.

Космическая гонка между США и Россией стала ключевым фактором в развитии космонавтики в 20 веке.

Прилагательные

Космос *какой?* ближний, дальний, бесконечный, бескрайний, необъятный, свободный.

Прогресс *какой?* технический, научный, технологический, мировой, заметный, огромный, подлинный, стремительный.

Вывести человека за пределы земной атмосферы было невероятным достижением, которое показало, что нет ничего невозможного.

Исследования *какие?* Научные, космические, новейшие, многолетние, детальные, комплексные, совместные, масштабные, важные.

Факты и информация

NASA является одним из ведущих космических агентств в мире. Они занимаются исследованием космоса, разработкой и запуском космических миссий, включая исследование Марса, Луны и других планет.

SpaceX, основанная Илоном Маском, является одной из самых известных и успешных частных космических компаний. Они специализируются на разработке ракет и космических кораблей, а также на коммерческих запусках и снабжении МКС.

Blue Origin, созданная Джеффом Безосом, также является ведущей частной космической компанией. Они работают над разработкой многоразовых ракет и космических кораблей с целью обеспечить доступность и устойчивость в освоении космоса.

Российское космическое агентство, известное как Роскосмос, также является одной из ключевых организаций в освоении космоса. Они занимаются запусками космических кораблей, исследованием МКС и разработкой новых технологий для космических миссий.

Европейское космическое агентство (ESA) является межправительственной организацией, объединяющей страны Европы в сфере космической деятельности. Они занимаются исследованием космоса, запусками спутников и участвуют в международных космических миссиях.

Вопросы для обсуждения

1. Какие преимущества человечество получает и может получить в будущем от освоения космоса в 21 веке?
2. Какие вызовы стоят перед человечеством в освоении космоса?
3. Какие технологические инновации в космонавтике в 21 веке имеют наибольшее значение?
4. Оцените перспективы частных компаний в освоении космоса и коммерческих космических полетов.
5. Приведите примеры успешных коммерческих проектов в сфере космонавтики.
6. Приведите примеры рисков, связанных с колонизацией других планет.
7. Каковы последствия длительного пребывания людей в космосе для их здоровья и физических способностей?
8. Как можно сбалансировать научные исследования и коммерческие интересы в космической деятельности?
9. Как международное сотрудничество влияет на развитие космонавтики в 21 веке?
10. Какие перспективы открываются для поиска жизни в космосе и какие миссии нацелены на эту цель?
11. Как космические технологии могут быть использованы для решения проблем на Земле, например, в области климата или обеспечения связи?

Тема 6. ИСКУССТВЕННЫЙ ИНТЕЛЛЕКТ

6.1 Подготовка к говорению.

Изучите материал.

Задание 1. Послушайте и прочитайте статью.

ИИ ИЗМЕНИТ ХОД ВОЙНЫ, А ТРЕТЬ ВООРУЖЕННЫХ СИЛ США БУДЕТ РОБОТИЗИРОВАНА, – МАРК МИЛЛИ

Вооруженные силы Соединенных Штатов Америки готовятся представить новую доктрину, в центре которой – долгосрочная модернизация, содержащая передовые технологии, такие как искусственный интеллект (ИИ) и квантовые вычисления. Глава Объединенного комитета начальников штабов генерал Марк Милли объявил об этом, выступая на Форуме национальной безопасности 30 июня.

Генерал Милли отметил важность оптимизации технологических достижений, в том числе ИИ, для военного применения. Цель состоит в том, чтобы сохранить нынешнее решающее преимущество, которое имеет армия США. В своем выступлении он подчеркнул, что первоочередной целью этих усилий является сдерживание войны великих держав, а не активное участие в ней.

Генерал Милли подробно остановился на влиянии ИИ в военной сфере. Он заявил, что технологии, способные даже воспроизводить эмоции, будут оказывать глубокое влияние на военные операции.

Хотя быстрая интеграция этой новой технологии и ее приспособленность к военным целям остаются открытыми вопросами, генерал Милли заверил общественность, что прогресс неизбежен. Он сослался на прогнозы экспертов, которые предполагают, что военное применение ИИ-технологий может произойти в течение следующих пяти лет. Милли отметил необходимость быть в авангарде развития ИИ, отметив, что эта технология может быть использована противниками, поэтому Соединенным Штатам выгодно быть лидером в этой области.

Милли также отметил значительную роль, которую робототехника будет играть в будущем беспилотных летательных аппаратов, морских и наземных операций. Он отметил, что быстро приближается эра, когда танки и корабли ВМС больше не будут нуждаться в человеческих экипажах. Это заявление свидетельствует о значительном смещении в сторону использования автономных технологий в военных действиях.

Опасения по поводу стремительного развития ИИ

Отвечая на обеспокоенность потенциальными возможностями ИИ, генерал Милли ранее уже отмечал позиции США относительно сохранение способности человека принимать решения во время войны. В интервью NPR он отметил, что Соединенные Штаты стремятся к тому, чтобы люди, а не компьютеры, продолжали принимать решения, касающиеся жизни и смерти, на поле боя. Милли противопоставил эту позицию позиции "враждебных стран", утверждая, что политика США направлена на сохранение участия человека в процессе принятия решений.

Генерал Милли признал, что война претерпела значительную трансформацию благодаря технологическому прогрессу, что знаменует собой отход от традиционных парадигм. Он отметил необходимость модернизации вооруженных сил США для сохранения своего доминирования перед лицом новых угроз. Таким образом, США стремятся сдерживать потенциальную агрессию со стороны любого будущего великого государства, которое может представлять угрозу американским интересам.

Будущая доктрина долгосрочной модернизации, охватывающая ИИ и квантовые вычисления, является важным шагом для Вооруженных Сил США. В условиях стремительного развития технологий Соединенные Штаты стремятся использовать эти достижения для защиты своих интересов национальной безопасности и сохранения военного превосходства в постоянно меняющемся глобальном ландшафте.

Источник: https://24tv.ua/tech/ru/iskusstvennyj-intellekt-i-robototehnika-izmenjat-armiju-ssha-do-neuznavaemosti_n2345664

- В каких целях США планирует использовать ИИ в оборонной сфере?
- Оцените возможные риски применения ИИ в сфере обороны и национальной безопасности.

Задание 2. Послушайте и прочитайте статью и ответьте на вопросы.

ПРИ ПРИЕМЕ НА РАБОТУ НАЧАЛИ ИСПОЛЬЗОВАТЬ CHATGPT. КАК ЭТО ПОВЛИЯЕТ НА ВАС?

Многие фирмы прибегают к помощи искусственного интеллекта при наборе новых сотрудников. Но так ли хорош ИИ в этом вопросе?

Многие технологические компании стали активно использовать чат-бот с искусственным интеллектом (ChatGPT) для подбора сотрудников - начиная от составления объявлений о вакансиях и заканчивая анализом собеседования с кандидатом. В будущем эта практика станет повсеместной. Как она изменит прием на работу? И будет ли отражать реальные способности кандидатов? Эту тему анализирует израильское экономическое издание "Калькалист".

Тем временем в мире

Не успел ChatGPT стать "сотрудником" компаний Amazon и Google, где его используют как программиста, как многие люди стали составлять с его помощью резюме для поиска работы, оформлять профиль на LinkedIn, а также готовиться к собеседованию с работодателем.

Но и работодатели не отстают: они тоже начали использовать искусственный интеллект на всех этапах поиска новых работников. С помощью чат-бота пишутся объявления о найме, фильтруются присланные резюме и анализируются состоявшиеся интервью.

Многие компании все больше используют инструменты ИИ для подбора сотрудников. С одной стороны, процесс становится более эффективным, но при этом теряются такие важные нюансы, как человеческая интуиция, умение разглядеть в кандидате на должность то, что невозможно понять из сухого резюме. Машина не способна на такого рода эмоциональные реакции.

Машина по набору сотрудников

Как и во многих других профессиях, использование искусственного интеллекта в сфере управления персоналом (HR) началось задолго до запуска ChatGPT. Уже не первый год существуют алгоритмы искусственного интеллекта, используемые для фильтрации резюме, сортировки кандидатов на основе информации об их предыдущих интервью. Однако нынешний технологический скачок кардинальным образом меняет работу рекрутинговых агентств. Речь идет о настоящей революции в данной сфере.

Согласно опросам компании HRD среди сотрудников HR-отделов 300 компаний и организаций, 70% из них уже используют ChatGPT для профессиональных нужд. В основном для создания контента - написания объявлений о вакансиях и постов в соцсетях.

"Нет никаких сомнений, что сфера HR переживает революционные изменения, - говорит Вики Грунер, консультант по рекрутингу компании HRD. - Такие инструменты, как ChatGPT, а также чаты Bing и Bard, позволяют работать намного более эффективно. Во-первых, эти инструменты используются в качестве источников информации в разных областях. Если в прошлом в компаниях составляли своего рода энциклопедии с пояснениями, касающимися разных профессий, то сегодня можно узнать обо всем, что нужно, буквально одним нажатием кнопки. Причем эта информация будет адаптирована для того, кто ее запрашивает.

Кроме того, ChatGPT может писать для нас статьи, составлять перечень требований для той или иной должности. Он может строить для нас график функций в Excel и создавать механизм фильтрации кандидатов".

Системы искусственного интеллекта способны быстро и точно анализировать информацию, что позволяет компаниям сосредоточиться на наиболее подходящих кандидатах. Кроме того, инструменты ИИ помогают работодателям в продвижении их бренда, управлении персоналом и передаче опыта новым сотрудникам.

"Я фактически ежедневно использую искусственный интеллект, - объясняет Таль Бар-Менаше, специалист по привлечению талантливых разработчиков в компании AppsFlyer. - Такие инструменты, как ChatGPT, полностью изменили правила игры.

Используя ChatGPT, можно описать требования к должности так, как прежде могли сделать лишь опытный рекрутер, продакт-менеджер или руководитель отдела разработок. Описания вакансий, сгенерированные чат-ботом, получаются очень точными. С помощью ChatGPT я также пишу посты на платформе LinkedIn об открытых вакансиях в нашей компании и более точно формулирую внутренние сообщения.

Кроме того, с помощью ChatGPT я провожу маркетинговые исследования. Он также помогает мне в процессе набора сотрудников. Использование инструментов ИИ позволяет мне эффективно находить решения самых разных проблем".

В компании Amdocs инструменты искусственного интеллекта используются на всех этапах отбора и фильтрации кандидатов. "На сайте нашей компании больше не нужно искать свободные вакансии, - говорит Асаф Яакоби, глава программы Head of Global Talent Strategy в Amdocs. - Кандидат на должность загружает свое резюме, а искусственный интеллект, сопоставив полученные данные, предлагает ему открывшиеся вакансии. Все наши сотрудники в сфере управления персоналом используют инструменты ИИ. Мы также запустили внутреннюю платформу для сотрудников компании. Любой наш работник может получить рекомендацию от искусственного интеллекта о новой должности - в соответствии с его опытом, способностями и профессиональными амбициями".

Одно из главных преимуществ инструментов искусственного интеллекта - оптимизация найма путем автоматизации различных задач. "Мы сочетаем интуитивные возможности специалистов по управлению персоналом и инструменты ИИ, помогающие оптимизировать поиск сотрудников, - объясняет Даниэль Давидович, координатор по подбору персонала в финтех-компании Nayax. - С помощью искусственного интеллекта мы создаем фильтрующие анкеты для кандидатов, которые те должны заполнить при подаче резюме. Это позволяет получить гораздо больше информации о соискателе уже на раннем этапе отбора".

Беспристрастность машины или увековечение предрассудков

Системы искусственного интеллекта обучаются посредством фиксации разного рода тенденций в уже существующей базе данных. Иными словами, ИИ обучается, используя данные, в которых изначально заложены те или иные представления о сотрудниках, зачастую связанные с различными предубеждениями. Например, если в прошлом компания набирала сотрудников мужского пола определенного происхождения, программа может продолжить рекомендовать соискателей того же типа и в будущем.

Использование ИИ в процессе найма и распределения должностей вызывает также вопросы, связанные с этикой и неприкосновенностью частной жизни. Насколько система искусственного интеллекта способна заменить человеческую интуцию, человеческий опыт, способен ли ИИ "понимать" сложную динамику человеческих отношений?

"Сегодня почти все продукты и услуги в нашей сфере в той или иной форме используют искусственный интеллект, - говорит Йони Фридман, заместитель генерального директора по консалтингу компании Gloat. - ИИ ищет подходящих кандидатов на ту или иную позицию. Мы рассчитываем на то, что он сделает это быстро и с высокой степенью точности. Большинство таких систем опираются на сложившуюся за долгие годы базу данных. Это приводит к тому, что алгоритм поиска ориентируется не только на позитивные качества кандидата, но и на имевшие место в прошлом негативные предубеждения. Например, если некая компания отдает предпочтение мужчинам или более молодым людям, искусственный интеллект, распознав эту тенденцию, может не только ее воспроизвести, но и сделать более существенной, чем прежде".

"Поиск кандидатов с помощью искусственного интеллекта на основе прежних тенденций подбора сотрудников нейтрализует творческий подход в сфере управления персоналом, - отмечает Фридман. - ИИ стремится выявить определенный профиль кандидата, основанный на давней базе данных, игнорируя другие важные параметры, не рассматривая кандидатуры нестандартных претендентов на должность. С другой стороны, системы искусственного интеллекта свободны от человеческих эмоций и предубеждений и поэтому способны "разглядеть" то, что упускают из виду рекрутеры".

Между тем подобного рода "беспристрастность" искусственного интеллекта может стать причиной отказа в приеме на работу достойных кандидатов.

"Чаще всего модели ИИ опираются на существующие базы данных, которые могут содержать различные предрассудки, - говорит Лирон Хасон, основатель и директор компании Aporia, разработавшей платформу для отслеживания сбоев в системах ИИ. - Например, использование модели ИИ, обученной на списке сотрудников Google, может привести к тому, что все новые сотрудники будут на них похожи".

По словам Хасона, системы искусственного интеллекта не обладают сознанием и не способны различать тон человеческой речи и язык тела, распознавать нестандартное мышление кандидата, а ведь все это важнейшие навыки межличностного общения, которые необходимы успешному сотруднику. Искусственный интеллект не способен понимать чувства, эмоции кандидатов, интонацию их речи, присущее им чувство юмора или его отсутствие. Системы ИИ, анализирущие аудио- и видеозаписи рабочих интервью, могут дискриминировать кандидатов из-за их внешнего вида или акцента.

Еще одна серьезная проблема использования искусственного интеллекта при найме на работу связана с неприкосновенностью частной жизни. "Неправильное использование ИИ может иметь разрушительные последствия, - отмечает Вики Грунер. - Следует проявлять предельную осторожность в работе с такими платформами, как ChatGPT, соблюдать правила защиты конфиденциальной информации и личных данных соискателя при загрузке в систему. Нужно также критически относиться к советам искусственного интеллекта и не принимать их как нечто само собой разумеющееся. Следует проверять полученную информацию с помощью других инструментов ИИ".

Источник: https://www.vesty.co.il/main/opinions/article/r18z9hkyh

- По Вашему мнению, существует больше преимуществ или недостатков/проблем в использовании ИИ в кадровой сфере? Приведите примеры, аргументируйте.

Задание 3. Послушайте и прочитайте статью.

ПРОФЕССОР ХАРАРИ: ИСКУССТВЕННЫЙ ИНТЕЛЛЕКТ МОЖЕТ УНИЧТОЖИТЬ ЧЕЛОВЕЧЕСТВО.

Новые инструменты искусственного интеллекта типа ChatGPT таят в себе опасности - для общества, демократии и даже личной жизни. Всемирно известный израильский историк, автор бестселлеров о развитии человечества профессор Юваль Ноах Харари называет новые опасности и призывает принять новые законы.

Страх перед искусственным интеллектом (ИИ) преследует человечество с начала информационной эры, с тех пор как в результате цифровой революции 1980-х годов компьютерные системы прочно вошли в нашу жизнь. До этого наши страхи концентрировались на возможностях разумных машин использовать физические устройства, чтобы убивать, подчинять или заменять людей. Однако появившиеся в последние годы инструменты искусственного интеллекта ставят под угрозу выживание человеческой цивилизации - с совершенно неожиданной стороны. Такие инструменты, как ChatGPT, развили исключительные способности воспроизводить язык посредством слов, звуков или изображений. Искусственный интеллект освоил язык и фактически взломал операционную систему человеческой культуры.

Язык - это материал, из которого создана почти вся человеческая культура. Например, права человека - вовсе не биологическая реальность. Они не закодированы в нашей ДНК. Права человека - произведение культуры, нечто, что мы создали с помощью языка, рассказав определенные истории и написав некие законы. Разные божества и верования также не имеют никакого отношения к биологии или физике. Все это тоже творение культуры. Это то, что мы создали с помощью языка, придумав мифы и сочинив священные книги.

Продуктом культуры являются и деньги. Банкноты - это всего лишь разноцветные бумажки, а в наши дни более 90% денег в мире даже не банкноты, а цифровая информация, передающаяся с помощью компьютера. Ценность денег определяется историями, которые нам рассказывают банкиры, министры финансов и предприниматели. Знаменитые мошенники Сэм Бэнкман-Фрид, Элизабет Холмс и Берни Мэдофф не создали ничего, что имело бы подлинную ценность, но, к большому сожалению, были весьма одаренными рассказчиками.

Что произойдет в тот момент, когда нечеловеческий разум будет лучше среднестатистического человека рассказывать истории, сочинять мелодии, рисовать картины и составлять законы, а также научится искусно манипулировать присущими людям слабостями и зависимостями?

Когда мы рассуждаем о чат-ботах и других инструментах ИИ, то почему-то в первую очередь приводим примеры, связанные со школьниками и студентами. Ребенок воспользовался искусственным интеллектом, чтобы выполнить домашнее задание - какое безобразие! Оставьте в покое детей. Лучше подумайте о президентской гонке в США в 2024 году и попытайтесь представить, какое влияние на нее может оказать искусственный интеллект, способный генерировать неограниченное количество политического контента, фейковых новостей и даже священных текстов для новых религиозных сект.

В последние годы одним из наиболее любопытных и пугающих явлений в американской политике стал стремительный взлет радикальной секты Qanon, которой удалось промыть мозги миллионам американцев и даже некоторым конгрессменам. Секта сформировалась вокруг анонимных сетевых месседжей (Q Drops). Приверженцы нового культа собирают и толкуют эти сообщения, воспринимая их в качестве некоего священного текста, тиражирующего бредовую теорию заговора, согласно которой евреи, педофилы и сатанисты правят миром и пытаются извести человечество. Насколько известно, все предыдущие Q Drops были созданы людьми и лишь распространялись интернет-ботами. Вскоре мы можем стать свидетелями первых в истории культов, чьи религиозные тексты будут написаны нечеловеческим разумом. На протяжении всей истории приверженцы разных религий утверждали, что их священные книги имеют нечеловеческое происхождение. Теперь это действительно может стать реальностью.

Если говорить о более прозаических вещах, то довольно скоро мы можем оказаться в ситуации, при которой будем вести многочасовые дискуссии в интернете о Верховном суде, изменении климата или российском вторжении в Украину с некими сущностями, которых будем принимать за людей, хотя на самом деле нашим собеседником будет искусственный интеллект. Чем дольше будет длиться разговор, тем большей информацией о нас будет располагать бот - и тем искуснее он будет приспосабливать свои реплики к особенностям нашей психики, а следовательно, оказывать на нас влияние.

Благодаря владению языком искусственный интеллект сможет завязывать тесные отношения с людьми, используя подобную "дружбу", чтобы менять наше мировоззрение. Пока что нет никаких доказательств, что ИИ способен формировать собственное сознание и испытывать эмоции, но ему это и не нужно для того, чтобы имитировать близость с человеком. Достаточно того, что искусственный интеллект в состоянии заставить нас испытывать к нему определенные чувства.

В июне 2022 года инженер компании Google по имени Блейк Лемойн выступил с утверждением, что чат-бот LaMDA, в разработке которого он принимал участие, обладает сознанием. За это спорное заявление, которое, по-видимому, не имеет отношения к действительности, Лемойн был уволен. Однако самое интересное в этой истории другое: инженер был готов пожертвовать своей престижной работой ради чат-бота. Если под влиянием искусственного интеллекта люди готовы рисковать рабочим местом, то что еще может заставить нас делать ИИ?

В политической битве за умы и сердца наиболее эффективное оружие - психологическая близость, формирование доверительных отношений. И вот теперь искусственный интеллект способен производить близость в промышленных масштабах и входить в доверие сотен миллионов людей. Всем известно, что в последнее десятилетие социальные сети стали настоящим полем битвы за контроль над человеческим вниманием. Однако с появлением нового поколения инструментов ИИ линия фронта смещается к контролю над человеческими эмоциями. Что станет с нашим обществом и нашей психикой, когда инструменты искусственного интеллекта начнут конкурировать между собой, с невероятной правдоподобностью имитируя психологическую близость, чтобы убедить нас покупать определенные товары или голосовать за определенных политиков?

Но даже без имитации доверительности и интимности искусственный интеллект будет оказывать колоссальное влияние на наше мировоззрение. Люди могут использовать ИИ, как своего рода сетевого пророка, у которого есть ответ на любой вопрос. Неудивительно, что Google охвачен паникой. Зачем нужна поисковая система, если можно просто задать вопрос всеведущему пророку? Новостной и рекламной отраслям также следует насторожиться. Зачем читать газету, если можно спросить у пророка, что нового? Какой смысл в рекламе, если я могу поинтересоваться у пророка, что купить?

Но и вышеперечисленные сценарии не передают всей полноты картины. Новые возможности искусственного интеллекта могут просто-напросто положить конец истории человечества. Не всей истории, а лишь того ее периода, когда человечество в ней доминировало. История - это система отношений между биологией и культурой, между нашими биологическими потребностями (пища, секс) и творениями культуры (религия, законы). Таким образом, история - это система отношений между законами и религиями, с одной стороны, и пищей и сексом - с другой.

Как будет развиваться история, когда системы искусственного интеллекта возьмут под полный контроль все, что мы называем культурой, - станут придумывать истории, сочинять мелодии, писать законы и формировать религиозные культы? Изобретенные людьми в прошлом инструменты (печать или радио) способствовали распространению идей и культурных ценностей, но никогда их не создавали. Искусственный интеллект принципиально отличается от печати или радио. Он может создавать совершенно новые идеи, совершенно новую культуру.

На начальном этапе искусственный интеллект, скорее всего, будет подражать прототипическим моделям человеческого мышления, на которых обучался. Но с каждым годом ИИ будет продвигаться все дальше, пока не достигнет тех пространств, куда ранее не заглядывал ни один человек. Тысячи лет люди могли существовать в фантазиях и мечтах других людей. Мы верили в богов, принимали те или иные стандарты красоты, сражались во имя идеалов, созданных воображением пророков. Через несколько лет мы можем обнаружить себя объектами фантазий чуждого нам разума.

Страх перед искусственным интеллектом начал преследовать человеческий род лишь несколько поколений назад. Однако в течение тысячелетий человечество испытывало гораздо более глубокий страх. Люди всегда осознавали, сколь огромной силой обладают истории и образы, сколь велика их способность вводить нас в заблуждение. Поэтому с древнейших времен люди опасались оказаться запертыми в иллюзорном мире.

В XVII веке философ Рене Декарт опасался, что злобный демон держит его в мире иллюзий, создавая все, что он видит и слышит. Древнегреческий философ Платон в своей знаменитой аллегории "Миф о пещере" описывал узников, заточенных в подземную темницу, во всю длину которой тянется широкий просвет. Из-за оков они не могут сдвинуться с места и повернуть голову, а потому видят лишь тени, отбрасываемые на расположенную перед ними стену пещеры. Согласно Платону, пещера олицетворяет собой чувственный мир, в котором живут люди. Подобно узникам пещеры, они полагают, будто благодаря органам чувств познают истинную реальность, но это всего лишь иллюзия. Об истинном мире они могут судить только по смутным теням на стене пещеры.

В Древней Индии буддийские и индуистские мыслители полагали, что все люди пребывают в мира иллюзий, майя (что на санскрите означет "иллюзия", "видимость"). Будда объяснял, что все кажущееся нам реальным - иллюзия, рожденная нашим мозгом. Люди способны вести кровопролитные войны, убивать других и быть готовыми погибнуть из-за своей веры в ту или иную иллюзию.

Революция в сфере искусственного интеллекта ставит нас лицом к лицу с демоном Декарта, пещерой Платона и мистификацией майи. Если мы не будем предельно осторожны, мы окажемся за завесой иллюзорного мира, которую уже не сможем сорвать, а возможно, и узнать о ее существовании.

Разумеется, колоссальные возможности искусственного интеллекта можно использовать и во благо человечества. Нет необходимости углубляться в эту тему, поскольку разработчики ИИ говорят об этом достаточно. Роль историков и философов состоит в том, чтобы указать на опасности этой технологии. Искусственный интеллект может помочь нам в решении огромного числа проблем - от создания новых лекарств против рака до преодоления экологического кризиса. Перед нами стоит вопрос, как сделать так, чтобы эта мощная технология использовалась во благо, а не на зло. Для этого в первую очередь нам необходимо понять, каковы реальные возможности новых инструментов.

С 1945 года нам известно, что ядерные технологии могут производить дешевую энергию на благо людей, но могут также физически уничтожить человечество. Поэтому был построен новый мировой порядок, чтобы защитить людей от этой напасти и убедиться, что ядерные технологии служат исключительно мирным целям. Теперь же нам придется иметь дело с новым оружием массового уничтожения, способным разрушить ментальный и социальный мир человека.

Мы все еще можем установить правила безопасности при разработке и использовании искусственного интеллекта, но действовать нужно очень быстро.

Атомные бомбы не могут производить более мощные атомные бомбы. Между тем искусственный интеллект может создать более мощную версию себя. Первое, что нам необходимо сделать, - требовать тщательного тестирования на предмет безопасности каждого нового инструмента ИИ - прежде, чем он станет доступным широкой публике. Точно так же, как фармацевтическая компания не может начать продажу нового лекарства до тщательной проверки его безопасности для здоровья пациентов, так и технологические компании не могут выпускать на рынок инструменты искусственного интеллекта, не убедившись в том, что они не несут в себе угрозу.

Не приведет ли замедление темпов выпуска в широкий доступ технологий искусственного интеллекта к отставанию демократических государств от диктаторских режимов, лишенных каких-либо этических сдержек? Ровным счетом наоборот. Неконтролируемое распространение искусственного интеллекта создаст социальный хаос. Это будет на руку диктаторам и приведет к разрушению демократических государств. Диктатура - ситуация, при которой некто диктует свою волю остальным. Демократия - постоянный диалог между людьми. Однако диалог ведется с помощью языка. Как только искусственный интеллект взломает операционную систему человеческого языка, он будет в состоянии разрушить способность людей вести осмысленный разговор. А это именно то, что уничтожит демократию.

Мы только что столкнулись с инопланетным разумом - прямо здесь, на Земле. Мы слишком мало знаем о нем, кроме того, что он может разрушить нашу цивилизацию. Мы обязаны остановить безответственное распространение искусственного интеллекта и ввести четкие правила его функционирования - прежде, чем он установит правила, по которым будем функционировать мы.

Источник: https://www.vesty.co.il/main/opinions/article/bywj8ydnh

- Почему Харари полагает, что ИИ угрожает демократии?
- Почему, по мнению автора, необходимо установить правила безопасности при разработке и использовании ИИ? Почему, по мнению Харари, ИИ может разрушить ментальный и социальный мир человека?
- Что произойдет в тот момент, когда нечеловеческий разум начнёт создавать предметы искусства и манипулировать людьми?
- Верите ли Вы, что ИИ может взять под контроль культуру?

Задание 4. Послушайте и прочитайте статьи. Выделите преимущества и недостатки ИИ. Приведите примеры успешного применения ИИ в медицине и сельском хозяйстве.

1

НЕ БОЙТЕСЬ ИСКУССТВЕННОГО РАЗУМА, ОН НАС СПАСЁТ.

Искусственный интеллект часто рисуют как угрозу человечеству - он и крадёт рабочие места, и шпионит за нами, и вообще скоро станет умней всех людей, вместе взятых, и вот тогда-то... Однако постойте. Очень многие из ключевых проблем XXI века могут быть решены именно умными машинами. Искусственные интеллектуальные системы учатся выполнять все больше и больше повседневных задач.

Тем не менее многие из нас считают, что роботы и искусственный интеллект, ИИ угрожают неприкосновенности нашей частной жизни, рабочим местам и нашей безопасности.

Но даже самые ярые критики ИИ признают, что потенциально он может принести человечеству огромную пользу.

Интеллектуальные машины уже сейчас помогают людям справляться с самыми сложными и опасными проблемами - от болезней до преступности.

«Мы должны рассматривать искусственный интеллект не как нечто, с нами соперничающее, а как то, что увеличивает наши способности и расширяет возможности», - подчёркивает Такео Канаде, профессор робототехники в Университете Карнеги-Меллон (США).

А все потому, что ИИ не знает, что такое скука и, как ни один из нас, способен выявлять тенденции и связи. Возможно, это то, что поможет человечеству выжить в XXI веке.

Вот как минимум пять областей, где искусственный разум уже сейчас "подставляет нам своё плечо".

2

Для миллиардов людей на нашей планете звук звенящего над ухом комара - это не просто раздражающий фактор, это предвестник возможной болезни, а то и смерти.

Распространённые как в Африке, так и почти во всех тропических и субтропических регионах мира комары Aedes aegypti (кусаки) переносят лихорадку денге, жёлтую лихорадку, лихорадку чикунгунья и вирус Зика. Одной только лихорадкой денге ежегодно заражается около 390 млн человек в 128 странах мира.

Маллол и Дхеши Раджа, врач из Малайзии, создали компьютерную программу, которая прогнозирует, где именно могут произойти новые вспышки болезни.

Их AIME «Искусственный интеллект в медицинской эпидемиологии» - это интеллектуальная система, собирающая данные о времени и месте каждого из новых случаев лихорадки денге, о которых сообщают местные больницы, и учитывающая при этом 274 сопутствующих фактора - направление ветра, влажность, температуру, плотность населения, тип застройки и т.д.

«Всё это факторы, которые определяют, как и куда будут мигрировать комары», - объясняет Маллол.

Тестирование этой программы в Малайзии и Бразилии показало, что ИИ может предсказать вспышку заболевания с точностью до 88% и с упреждением до трёх месяцев.

Интеллектуальная система помогает вычислить эпицентр вспышки с точностью до 400 м, позволяя тем самым медучреждениям и местным властям заранее реагировать на угрозу и обеспечивать население инсектицидами и другой защитой от укусов. AIME способна также работать с данными о вирусе Зика и лихорадке чикунгунья.

3

Для 800 млн человек на планете корни маниока - главный источник углеводов.

Это растение, похожее на батат, часто употребляется так же, как мы употребляем картофель, плюс из него делают муку для выпечки хлеба.

Способность маниока расти там, где другие сельскохозяйственные растения не приживаются, превратила его в шестую по популярности продовольственную культуру в мире.

Маниок, однако, очень уязвим для болезней и вредителей, которые могут уничтожать целые поля этого растения. Местные фермеры фотографируют (применяя дешёвые модели смартфонов) свои поля маниока, а искусственный интеллект анализирует фото на предмет признаков четырёх основных болезней.

«Признаки некоторых из этих болезней не так просто заметить, - объясняет Эрнест Мвебазе, возглавляющий проект. - Фермеры получают от нас карманного эксперта, который им подскажет, нужно ли опылять поля или лучше все скосить и посеять где-то в другом месте».

Система Mcrops сейчас выставляет диагноз с точностью до 88%, экономя фермерам время и деньги.

Кроме того, с помощью MCrops местные власти информируются о возможной эпидемии, которая грозит голодом.

Мвебазе и его коллеги надеются создать подобную систему и для борьбы с болезнями банановых деревьев. Кроме того, искусственный интеллект способен автоматизировать слежение за вредителями.

4

Каждый год от рака в мире умирает более 8,8 млн человек и ещё у 14 миллионов его находят.

Шансы пациента на выживание значительно повышает ранняя диагностика, один из главных способов которой - довольно трудоёмкое обследование с множеством диагностических манипуляций.

Искусственный интеллект готов предоставить свои услуги и здесь. И Alphabet (компания, владеющая Google) со своим проектом DeepMind, и IBM стремятся сделать процесс обследования более быстрым.

DeepMind объединил усилия с врачами британской системы здравоохранения (NHS), чтобы при сканировании головы и шейного отдела позвоночника научить ИИ отличать здоровые ткани от поражённых.

Кроме того, вместе с врачами известной офтальмологической клиники Морфилдс компьютерную систему обучают раннему распознаванию глазных заболеваний, ведущих к потере зрения. Как считает Доминик Кинг, возглавляющий программу DeepMind Health, пока ещё рано говорить о конкретных успехах, но то, чему искусственный интеллект научился уже сейчас, вызывает большой оптимизм.

Кинг говорит, что технология ИИ поможет врачам гораздо быстрее распознавать случаи рака, что в свою очередь позволит раньше начинать лечение.

Компания IBM заявила, что её система искусственного интеллекта Watson AI может анализировать сканы и выявлять признаки опухоли с точностью до 96%.

Watson AI опробуется сейчас врачами в 55ти больницах по всему миру для диагностики рака молочной железы, лёгких, прямой кишки, шейки матки, яичников, желудка и простаты.

Источник: https://www.bbc.com/russian/vert-fut-41308086

Задание 5. Послушайте и прочитайте статью.

ОСЧАСТЛИВЛЕННЫЕ НАСИЛЬНО. ИИ «УЛУЧШИТ» ЧЕЛОВЕКА ПРОТИВ ЕГО ВОЛИ.

В США заявили об успешном испытании технологии, позволяющей с помощью стимуляции мозга небольшими электрическими разрядами улучшать психическое состояние человека. И не просто так, а в автоматическом режиме. Исследователи подключили электроды к машине с искусственным интеллектом (ИИ), который начал самостоятельно проводить стимуляцию исходя из биоритмов, физического и эмоционального состояния испытуемого. По словам учёных, метод работает: к примеру, если кто-то находится в депрессии и не может избавиться от «застрявшей» в голове негативной мысли, можно взять и заменить её на позитивную. И все — человек счастлив.

Армия «подключенных»

Как заявляют разработчики, новая технология открывает перед человечеством широкие перспективы: например, станут доступны кинотеатры 6D, где можно будет полностью погрузиться в вымышленную реальность, испытывая ощущения всех органов чувств — в т. ч. обоняния, прикосновения и вкуса.

Появятся и другие достижения научно-технического прогресса — экзоскелеты, подключенные к мозгу, роботы-аватары, управляемые на расстоянии, и пр. Но на пользу ли это пойдет людям в действительности? Многие ли из тех, кто с головой уйдет разнообразные «метавселенные» захотят, а, главное, смогут вырваться на волю, в реальный мир? Ведь, как предупреждают психологи, преодоление такой зависимости может стать сродни наркотической ломке.

Понятно, что в ходе подобных экспериментов ученые делают важный шаг в изучении мозга и лечении тяжелых болезней. Однако, к примеру, специалисты по манипулированию массовым сознанием считают, что цель этих изысканий — не просто изучение «серого вещества», а постепенное превращение людей в армию управляемых биороботов. Человека, по сути, хотят напрямую подключить искусственному интеллекту, который станет определять, в каком психическом состоянии в данный момент времени нам лучше находиться, — говорят они. Этот интеллект будет руководить нашими ощущениями, мыслями и желаниями.

Насколько это опасно? Можно ли настолько глубоко проникнуть в человеческое сознание, а не просто повлиять на определённые функции мозга) с помощью вживления под черепную коробку электродов?

Крысиный рычаг

«О том, что с помощью электрических разрядов можно избавиться от депрессии и невроза навязчивых состояний, учёным известно уже полвека. В нашем институте, например, в таких исследованиях приняли участие более 300 пациентов, — подтвердил aif.ru физиолог Святослав Медведев, много лет руководивший Институтом мозга человека РАН. — Если подсоединить такие стимуляции к искусственному интеллекту, то можно будет сделать многое — в том числе и 6D-кинотеатры. Однако это путь к полному зомбированию людей. В 1954 г. американские психофизиологи Джеймс Олдс и Питер Милнер провели показательный эксперимент, открыв "центр удовольствия" головного мозга, стимулирование которого приводит к чувству наслаждения. К мозгу крыс подключали аппаратуру, которая при нажатии на специальный рычаг посылала электрический импульс. Крысы быстро поняли взаимосвязь между этим нажатием и получением наслаждения и начали стимулировать себя до 700 раз в час! И в результате забывали о принятии пищи и воды, спаривании и в конце концов умирали от истощения. Так же и человек может уйти в блаженный "виртуал", забыв о продолжении рода и вообще обо всём человеческом. Если он пойдёт на это, то, увы, и впрямь станет фактически биороботом.

И здесь, без сомнения, есть возможность управления и даже абсолютной власти над личностью. В 1963 г. испанский нейрофизиолог и первопроходец в области имплантации электродов в мозг Хосе Дельгадо провёл другой эксперимент: отобрал несколько самых агрессивных быков, вживил им в мозг электроды и стал применять "шоковую терапию". Опыт оказался успешным: однажды учёный демонстративно вышел на арену с бойцовским быком — свирепым зверем, известным своим дурным нравом, и, когда бык понёсся на него, нажал на кнопку, заставив разъярённое животное резко замереть в нескольких сантиметрах от себя. После следующего нажатия бык начал бегать кругами по арене».

Футурологи предупреждают, что соблазн использовать эти знания для злонамеренных целей будет очень велик. Как оказывается, отнять у людей свободу выбора очень легко, если присоединить мозг к компьютеру под прикрытием какой-то благой цели. В этом случае человек сам будет выполнять определённые действия, подталкиваемый импульсами и будучи убеждённым в отсутствии свободы воли.

«Весь прогресс в человеческой истории — это преодоление трудностей и поиск того, как сделать проще и удобнее, — напоминает Святослав Медведев. — Человек развивается, когда чувствует раздражение, неудовольствие существующим положением и пытается что-то сделать, чтобы улучшить свой быт и самочувствие. Например, ему было трудно тащить в гору груз, и он придумал колесо. Но если бы он забыл о трудностях с помощью электростимуляций, то продолжал бы тупо нести свою поклажу.

Всё достояние цивилизации создано "людьми недовольными". Если мы заменим эту потребность "пофигизмом" — мол, не о чем беспокоиться, и так всё прекрасно, — это приведёт к полной остановке прогресса. Проще внушить: "будь счастливым", чем сделать человека счастливым на самом деле. Из "человека недовольного" можно сделать человека, всем довольного. Такой индивидуум — идеальный солдат. Проблема лишь в том, что у него пропадёт инициатива: ему и так будет хорошо. Как же управлять им дальше? С помощью всё той же электростимуляции делать человеку плохо, если он откажется выполнять приказ».

Иллюзия блаженства

«Итогом подобных попыток "сделать человеку лучше" будет создание нового Франкенштейна, — считает практикующий философ, писатель Анна Кирьянова. — С той лишь разницей, что это новое существо окажется абсолютно бездуховным. Можно искусственно создать какие-то органы и конечности без вреда для человека, но когда речь идет о его душе, сознании — все обстоит иначе. Попытка заменить это "виртуальной вселенной" — грандиозная манипуляция. В итоге людям будет казаться, что они, не прилагая никаких усилий к достижению всего этого, ездят на дорогих автомобилях, живут в богатых особняках, нежатся в роскошных бассейнах и кушают черную икру перламутровой ложкой — а на самом деле они будут пить воду из-под крана и есть какую-нибудь тестообразную синтетическую массу. Нужно ли нам с вами такое иллюзорное блаженство?

Да, виртуальная реальность может быть прекрасной, если мы находим в ней новые возможности для творчества и познания. Однако в том, что "виртуал" на то время, когда человек находится там своими чувствами и помыслами, освобождает его от страданий, есть огромная опасность. В компьютерной иллюзии не надо никого учить, развивать, приобщать к поэзии, музыке, объяснять, что такое подвиг во благо кого-то, что значит простое сострадание. Принцип там один: "чтобы мне было хорошо". В нашей с вами реальности есть законы нравственности, добро и зло. В "виртуале" ничего такого нет. Уход туда ведет человека к духовной деградации, поскольку совесть и мораль неразрывно связаны с умением сострадать».

Не стоит забывать, что у искусственного интеллекта отсутствуют милосердие, жалость и другие добрые человеческие чувства, — напоминает эксперт: «Умная машина» без души, существование которой ее создатели упорно отрицают, — это готовый хладнокровный убийца. В компьютерной «жизни» стирается грань между реальной смертью и виртуальной, живым человеком и его аватаром. А кроме того, исчезают любовь и дружба, потому что искусственный интеллект способен лишь имитировать наши чувства. Но если ты, с его точки зрения, будешь вести себя плохо, он лишит тебя и этой имитации".

Источник: https://aif.ru/society/science/oschastlivlennye_nasilno_ii_uluchshit_cheloveka_protiv_ego_voli

- О каких рисках ИИ говорится в статье?
- Может ли ИИ контролировать когнитивные процессы мозга человека?
- Что такое «крысиный рычаг»? Приведите примеры.

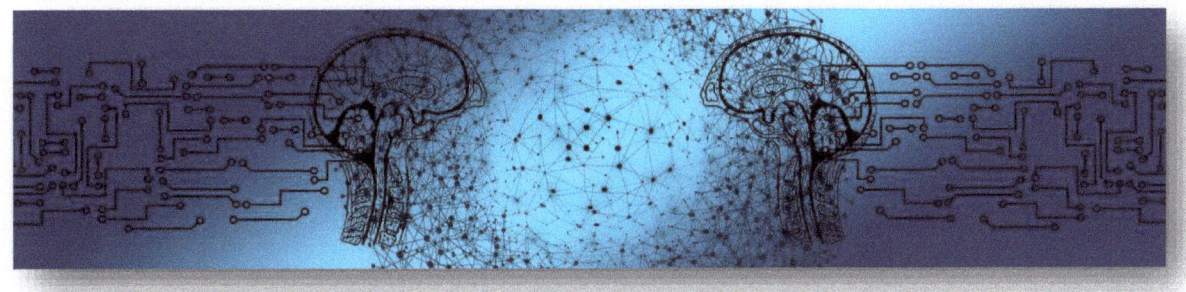

6.2 Ready, Set, Speak!
ИСКУССТВЕННЫЙ ИНТЕЛЛЕКТ.

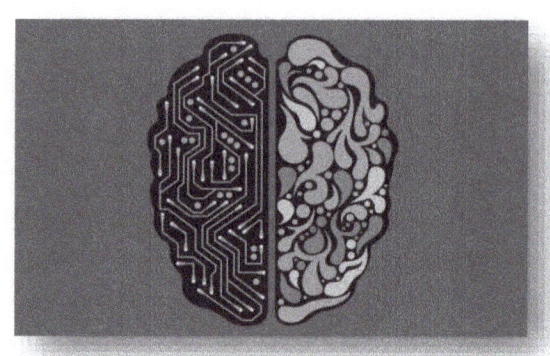

Языковые средства

- ➢ Ученые уже долгие годы занимаются изучением…
- ➢ Современные технологии предоставляют возможности для…
- ➢ Понимание этой проблемы играет важную роль в…
- ➢ Сейчас мы обладаем значительно большими знаниями о…, чем раньше.
- ➢ Открываются новые возможности благодаря …

Ключевая лексика

- ИИ (искусственный интеллект)
- нейронные сети
- алгоритмы машинного обучения
- робототехника
- автоматизация и оптимизация процессов
- анализ данных
- инновации
- автоматизированный интеллект
- моделирование
- самообучение
- роботизация
- решение сложных задач
- нейроэволюция
- нейрокомпьютерный интерфейс
- интеллектуальный ассистент
- квантовые вычисления
- соревноваться с машинами
- глубокое обучение

«Искусственный интеллект»: главные тезисы по теме

- В 21 веке наблюдается стремительный рост развития искусственного интеллекта. Искусственный интеллект находит свое применение в медицине, транспорте, производстве, финансах, образовании и других сферах, что способствует оптимизации производства, а также иногда повышению эффективности работы. Технологии искусственного интеллекта способствуют созданию автономных систем и роботов. Однако, с развитием ИИ возникают серьезные этические вопросы, связанные с безопасностью и конфиденциальностью личных данных.
- Прорывом в развитии ИИ стало глубокое обучение, которое позволяет создавать нейронные сети способные анализировать и обрабатывать сложные данные, что может повышать скорость качество принимаемых решений.

- Квантовые вычисления могут предоставить ИИ новые возможности и решить сложные задачи, но разработка таких систем все еще находится в стадии исследования.
- С увеличением сложности и применения искусственного интеллекта, возрастает важность обеспечения безопасности и надежности этих систем, чтобы избежать возможных катастроф и ошибок.
- Искусственный интеллект влияет на общество, работу, образование, трудовые отношения и вызывает необходимость адаптации и разработки новых правовых и социальных норм. На данный момент правительства большинства стран мира не готовы предоставить юридическо-правовую базу. Например, не ясно, кто будет нести ответственность в случае, если автоуправляемый автомобиль попадёт в аварию, поскольку пока ещё нет достаточной правовой базы, которая бы регулировала сферы и уровень ответственности в отраслях, где ИИ принимает решения без согласования с человеком.
- Очевидно, что развитие и использование искусственного интеллекта требует сотрудничества между научными сообществами, правительствами и обществом, чтобы эффективно решать проблемы и максимизировать потенциал ИИ во благо человечества.

> ИИ бросает вызов всему человечеству.

> Применение ИИ в образовании - палка о двух концах. С одной стороны, ИИ может помочь студентам найти нужную информацию быстрее, объяснить сложные концепции или дать больше примеров. С другой стороны, многие студенты используют ИИ для написания работ и докладов, вместо того, чтобы учиться самим.

> Необходимо обеспечить юридическо-правову базу для того, чтобы ИИ использовался только во благо человечества.

Фразеологизмы

- стоять на пороге революции
- бросить вызов человеку
- палка о двух концах
- ящик Пандоры
- вершина айсберга
- во благо

Прилагательные

Интеллект *какой?* искусственный, эмоциональный, высокий, человеческий, развитый, мощный, машинный, выдающийся, особый.

Обучение *какое?* Профессиональное, дальнейшее, школьное, машинное, индивидуальное, интенсивное, традиционное, техническое, обязательное.

Робот *какой?* промышленный, бездушный, специальный запрограммированный, независимый, универсальный, умный.

Факты и информация

Искусственный интеллект помогает улучшить урожайность и оптимизировать процессы сельского хозяйства. Например, используется для прогнозирования погоды, определения оптимального времени посева и уборки урожая, мониторинга состояния почвы и растений, управления системами полива и удобрений.

Искусственный интеллект используется для оптимизации маршрутов, управления движением, автономного вождения, прогнозирования спроса на общественный транспорт и улучшения безопасности на дорогах. Компания Tesla известна своими электрическими автомобилями, которые оснащены системой автопилота. Компания Uber также работает над разработкой автономных автомобилей с целью внедрения их в свою службу пассажирского такси.

Искусственный интеллект применяется для диагностики и прогнозирования заболеваний, разработки индивидуальных лечебных режимов, анализа медицинских изображений (например, распознавание раковых опухолей на рентгеновских снимках) и обработки медицинских данных для предоставления наиболее эффективного лечения.

Вопросы для обсуждения

1. Какая, на Ваш взгляд, должна быть роль искусственного интеллекта в современном обществе?
2. Нужно ли использовать искусственный интеллект в медицине? Какие этические аспекты нужно учитывать?
3. Как искусственный интеллект может содействовать решению экологических проблем? Какие инновационные решения можно ожидать в этой области?
4. Как можно использовать ИИ в сельском хозяйстве? Может ли ИИ помочь улучшить урожайность?
5. Как может ИИ повлиять на безопасность, эффективность и удобство передвижения? Вы за или против автомобилей с автопилотом?
6. Как обеспечить безопасность и защиту данных при использовании ИИ?
7. Есть ли преимущества в роботизации?
8. Как ИИ может помочь в борьбе с глобальными проблемами, такими как изменение климата или пандемии?

Тема 7. ОБОРОНА И БЕЗОПАСНОСТЬ.

7.1 Подготовка к говорению.

Изучите материал.

Задание 1. Послушайте и прочитайте статью.

НОБЕЛЕВСКИЙ ЛАУРЕАТ СО СЛАВОЙ ПРОРОКА СЧИТАЕТ, ЧТО ТРЕТЬЯ МИРОВАЯ УЖЕ ИДЕТ.

По мнению американского экономиста, лауреата Нобелевской премии в области экономики Нуриэля Рубини, Третья мировая война уже началась. Помимо прочего, Рубини известен тем, что заработал репутацию пророка, предсказав мировой экономический кризис 2008 года задолго до его начала, сообщает немецкий журнал Der Spiegel.

Авторитетный экономист полагает, что конфликты в мире, разногласия между ключевыми державами и геополитическая напряженность – не что иное, как начальная стадия Третьей мировой войны, исход которой не берется предсказать даже он.

«Честно говоря, Третья мировая война уже фактически началась, особенно на Украине и в киберпространстве», – считает американец.

Помимо того, что уже происходит, Рубини в его мнении укрепляет эскалация напряженности между Израилем и Ираном, а также ожидания властей США скорого развития конфликта между Китаем и Тайванем, который те же самые Соединенные Штаты пытаются приблизить всеми способами, подстрекая Тайвань к более жесткому противостоянию с КНР.

Ранее лидер ЛДПР Леонид Слуцкий выразил мнение, что президент Украины Владимир Зеленский хочет подтолкнуть Запад к Третьей мировой войне.

Источник: https://aif.ru/society/opinion/nobelevskiy_laureat_so_slavoy_proroka_schitaet_chto_tretya_mirovaya_uzhe_idet

- Какие прогнозы даёт Рубини? Как Вы думаете, можем ли мы доверять его прогнозу?
- Какого мнения придерживается Рубини относительно внешней политики США?

Задание 2. Прокомментируйте карикатуры.

Источник: https://vk.com/elkin_politru

Задание 3. Послушайте и прочитайте статью.

SIPRI: США И РОССИЯ НАРАСТИЛИ ЧИСЛО РАЗВЁРНУТЫХ ЯДЕРНЫХ БОЕГОЛОВОК.

Глобальная безопасность в 2022 году заметно ухудшилась в сравнении с тем, что было десять лет назад. В мире участились войны, увеличились военные расходы, и обострилась проблема продовольственной безопасности. К такому выводу пришли эксперты Стокгольмского международного института исследования проблем мира (SIPRI).

Отдельно эксперты выделяют продолжающуюся войну России против Украины, которая усилила конфронтацию между крупными державами, что "ослабило контроль над вооружениями и сделало дипломатию менее эффективной", говорится в опубликованном в понедельник ежегодном докладе SIPRI.

Эксперты отмечают, что по мере ухудшения геополитических отношений, ядерные державы – США, Россия, Великобритания, Франция, Китай, Индия, Пакистан, Северная Корея и Израиль – наращивают количество развернутых ядерных боеголовок и продолжают модернизировать свои ядерные арсеналы. Некоторые из них в 2022 году развернули новые системы вооружений с ядерными зарядами либо способные их нести, говорится в докладе SIPRI.

США и Россия обладают почти 90% имеющегося в мире ядерного оружия, отмечается в докладе. Около 2 тысяч боеголовок – почти все они принадлежат России и США – находились в состоянии повышенной боеготовности. Ими были оснащены ракеты или они были размещены на авиабазах стратегической авиации.

Китай нарастил свой ядерный арсенал с 350 боеголовок до 410. SIPRI считает, что число китайских баллистических ракет к концу десятилетия может сравняться с российским или американским.

Франция продолжала работу по созданию атомной подлодки, оснащенной баллистическими ракетами третьего поколения. Индия и Пакистан расширяли ядерные арсеналы и продолжали разработку новых систем доставки, говорится в докладе. КНДР в 2022 году не проводила ядерных испытаний, но произвела больше 90 пробных ракетных пусков. Некоторые из запущенных ракет могут оснащаться ядерными боеголовками.

Полномасштабное вторжение в феврале 2022 года государства, обладающего ядерным оружием, в соседнюю страну, таким оружием не обладающую, привело к значительным сбоям в двустороннем и многостороннем взаимодействии по контролю за ядерными вооружениями, говорится в докладе SIPRI.

Отдельно в докладе рассматривается приостановка диалога между Москвой и Вашингтоном по стратегической стабильности. Россия, которая угрожала применить ядерное оружие в войне против Украины, в феврале заявила, что приостанавливает участие в договоре СНВ-3. Соединенные Штаты прекратили отправку России уведомлений, требуемых по договору.

Как отмечается в докладе, мировые военные расходы в 2022 году выросли восьмой год подряд и превысили два триллиона двести миллиардов долларов, что является самым высоким уровнем, когда-либо зафиксированным Стокгольмским международным институтом исследования проблем мира.

При этом основное влияние на рост военных расходов оказала именно война в Украине. Больше всех потратили США — 877 миллиардов долларов или 39% от оборонных трат в мире. Самый стремительный рост расходов на военные нужды показала Европа — на 13% за год, что стало максимальным значением со времен холодной войны. Оборонные расходы России, несмотря на санкции, выросли в прошлом году примерно на 9,2%, до 86 с половиной миллиардов долларов. Собственные военные расходы Украины выросли более чем в семь раз – до 44 миллиардов долларов, показав рекордный рост расходов на оборону какой-либо страны, зафиксированный SIPRI.

Источник: https://www.svoboda.org/a/sipri-ssha-i-rossiya-narastili-chislo-razvyornutyh-yadernyh-boegolovok/32455121.html

- По каким причинам можно утверждать, что глобальная безопасность в 2022 году заметно ухудшилась в сравнении с тем, что было десять лет назад?
- Какая часть ядерного оружия принадлежит США и Россия?
- По какой причине Россия приостановила участие в договоре СНВ-3?
- Сравните расходы военно-оборонного комплекса США и России.

Задание 4. Послушайте и прочитайте статью.

РОССИЯ ПРИОСТАНАВЛИВАЕТ УЧАСТИЕ В ДОГОВОРЕ С США ОБ ОГРАНИЧЕНИИ ЯДЕРНЫХ АРСЕНАЛОВ. НАС ЖДЕТ НОВАЯ ГОНКА ВООРУЖЕНИЙ? А ТО И ЧТО-НИБУДЬ ПОХУЖЕ?

1

Что случилось?

21 февраля Владимир Путин в обращении к Федеральному собранию объявил, что Россия приостанавливает участие в Договоре о стратегических наступательных вооружениях (ДСНВ).

Президент РФ подчеркнул, что речь не о выходе из договора с США, а именно о приостановке.

2

В чем суть этого договора?

Это соглашение между Россией и США о взаимном сокращении ядерных вооружений. Оно вступило в силу 5 февраля 2011 года сроком на десять лет. В январе 2021-го стороны продлили договор до 5 февраля 2026 года.

Он позволяет каждой из стран иметь только ограниченное количество определенной техники и боеприпасов.

Также в договоре подробно прописаны способы проверки того, исполняет ли другая сторона его требования. Среди них:

18 инспекций в год для каждой страны. Во время таких проверок группа экспертов имеет право подсчитать количество неразвернутых МБР и БРПЛ на определенном объекте, а также количество ядерных боеприпасов на борту техники.

Обмен данными два раза в год. Россия и США предоставляют друг другу декларацию с количеством техники и зарядов на ней.

Предоставление технической информации о пяти пусках МБР и БРПЛ в год во время летных испытаний. Это нужно для того, чтобы стороны могли оценить характеристики ракет.

Регулярные уведомления о статусе (развернуты или нет) и месте базирования всех стратегических средств доставки и пусковых установок.

Информирование о новых типах оружия. Договор дает возможность обеим сторонам поднимать вопрос о новых видах стратегических наступательных вооружений во время заседаний Двусторонней консультативной комиссии (ДКК) и добиваться их включения в документ.

Предупреждение о запусках баллистических ракет, подпадающих под действие договора.

3

Почему Путин решил приостановить участие в нем России?

Он привел сразу несколько доводов.

Во-первых, назвал «театром абсурда в нынешних условиях» то, что НАТО требует от России исполнять этот договор и пустить на стратегические объекты западных экспертов (объяснение Путина — Запад «прямо причастен» к попыткам Украины нанести удары по российским базам стратегической авиации).

Во-вторых, заявил Путин, российской стороне не дают проводить полноценные инспекции в США и отклоняют ее заявки по формальным основаниям. Также президент РФ добавил, что США и НАТО прямо говорят о своей цели «нанести стратегическое поражение России»:

И что, после этого они как ни в чем не бывало собираются разъезжать по нашим оборонным объектам, в том числе новейшим?

Наконец, по словам президента, «некоторые деятели в Вашингтоне» задумываются о возможности испытаний американского ядерного оружия. «В том числе с учетом того, что в США идет разработка новых типов ядерных боеприпасов», — утверждает Путин. В связи с этим он поручил Минобороны и «Росатому» подготовиться к возможным испытаниям российского ядерного оружия:

Первыми мы, разумеется, этого делать не будем, но если США проведут испытания, то и мы проведем.

4

А США и Россия не могли спрятать свои вооружения во время проверок? Это так сложно?

Практически невозможно.

Старший научный сотрудник института ООН по изучению проблем разоружения Павел Подвиг рассказал «Медузе», что при заключении договора страны осознанно создали именно такую систему, которая позволяет убедить другую сторону в том, что вы действуете по правилам.

О том, чтобы что-то скрыть, речи не идет. Наоборот: задача договора — показать, что вы свои обязательства выполняете. Система устроена так, что любые уловки будут видны. Вас не обязательно поймают за руку, просто вам придется явно нарушать прописанные правила.

Это подтверждают и более ранние заявления обеих сторон. Бюро Госдепартамента по контролю над вооружениями, верификации и соблюдению соглашений в одном из отчетов пишет, что несмотря на все вопросы и опасения, в последние годы США могли следить за выполнением всех обязательств России. В Кремле в 2021 году также говорили, что продление договора обеспечивает «предсказуемость стратегических взаимоотношений России и США» и «соответствует национальным интересам» страны.

5

Значит, страны проверяли ядерное оружие друг друга все это время, даже после вторжения в Украину?

Нет, Россия и США не проводили проверки и заседания двусторонней комиссии с 2020 года — сначала из-за пандемии, а затем по решению РФ (летом 2022 года США попытались возобновить инспекции, но Москва отказала). При этом страны продолжали обмениваться информацией до последнего времени.

В конце ноября 2022 года должно было состояться заседание двусторонней комиссии: стороны договорились о месте и времени за несколько месяцев до встречи, но незадолго до начала мероприятия российская делегация решила его перенести.

Первый заместитель главы МИД РФ Сергей Рябков связывал это с «эффектом происходящего на Украине и вокруг нее» и назвал решение РФ «политическим сигналом». Также он рассказал о технических претензиях к США: российская сторона предполагает, что американцы снимают часть техники с вооружения, но делают это так, чтобы в любой момент сделать ее вновь пригодной для оснащения ядерным оружием. Официальный представитель МИД РФ Мария Захарова высказалась еще категоричнее: она заявила о «высочайшем уровне токсичности и враждебности со стороны Вашингтона» и «тотальной гибридной войне» против России.

В начале февраля 2023 года уже США впервые обвинили Россию в невыполнении договора из-за того, что американским экспертам не дают проводить инспекции, а все просьбы о встречах с целью обсудить этот вопрос Москва отклоняет. Вице-спикер Совета Федерации Константин Косачев отверг эти обвинения и заявил, что, наоборот, российским инспекторам не дают работать в США. При этом представители Госдепартамента неоднократно говорили, что готовы принять россиян и их поездкам ничего не препятствует.

6

Может быть, договор был более выгодным для США и менее выгодным для России — вот Путин его и приостановил?

Скорее, наоборот.

Павел Подвиг отмечает, что документ фиксировал статус России как равного партнера США в части разоружения — это очень важная политическая позиция для российского руководства. «Не было ничего такого, что Россия хотела бы сделать, но не могла из-за того, что этот документ ее ограничивал. Никаких причин быть недовольной договором у России не было», — говорит исследователь.

Тот же Константин Косачев, который тогда был главой комитета Госдумы по международным делам, в 2011 году говорил, что «полная сбалансированность договора» была доказана при принятии законопроекта в первом чтении. Некоторые эксперты в то же время отмечали, что для России это соглашение не об ограничении стратегических наступательных вооружений, а об их наращивании. Министр обороны Анатолий Сердюков утверждал, что по количеству пусковых установок, разрешенных ДСНВ, Россия сможет выйти к верхней границе только к 2028 году, а по количеству боезарядов — к 2018-му.

В свою очередь, тогдашний глава комитета Совета Федерации по международным делам Михаил Маргелов говорил, что договор должен позволить России сэкономить «миллиарды долларов на переоснащении существующих средств доставки, не тормозя при этом модернизацию [других] вооружений».

При этом во время саммита в Женеве в 2021 году у России были еще более амбициозные планы по договоренностям с США, рассказывает Павел Подвиг:

Были идеи о том, чтобы заключить всеобъемлющее соглашение, которое бы учитывало ядерные, стратегические средства, противоракетную оборону и даже космос. Я думаю, что тогда мы вполне могли бы рассчитывать на то, чтобы заключить новый договор СНВ, но это политический процесс — здесь очень многое зависит от того, как партнеры относятся друг к другу.

7

Путин говорит, что пускать инспекторов НАТО на военные объекты во время войны в Украине — это абсурд. Разве в этом нет логики?

Кажется, ее здесь не очень много.

Эксперт по вопросам разоружения Павел Подвиг считает, что такое заявление может говорить о том, что президент не понимает, как работают подобные проверки:

На секретных объектах специалисты из США бывают с конца восьмидесятых годов — и ничего нового здесь нет. Координаты всех этих объектов известны очень хорошо — хотя бы по спутниковым снимкам, все это прекрасно видно и без инспекций. А новых объектов попросту не появилось. Видимо, именно на политическом уровне кто-то решил, что во время войны это непорядок.

8

Почему Путин решил «приостановить» договор, а не выйти из него — и в чем разница?

Никто не знает: в договоре нет возможности «приостановки» — только процедура выхода. При этом о выходе любая из сторон должна предупредить заранее — за три месяца.

Эксперт по проблемам ядерной безопасности Андрей Баклицкий предполагает, что Россия может сослаться на Венскую конвенцию о праве международных договоров: в документе написано, что «существенное нарушение» международного договора одним из его участников дает право приостановить действие договора или разорвать его.

Павел Подвиг считает, что формулировка Путина о «приостановке» может быть сигналом о том, что увеличивать количество боезарядов Россия не собирается — во всяком случае, существенно. Это подтверждает и позиция МИДа — в ведомстве утверждают, что РФ продолжит соблюдать предусмотренные ДСНВ количественные ограничения до 2026 года.

При этом глава комитета Госдумы по обороне Андрей Картаполов говорит, что Россия может увеличить число боезарядов и носителей «в случае необходимости».

9

Если Россия не собирается наращивать ядерный арсенал, то зачем тогда президент регулярно вспоминает об угрозе со стороны НАТО и показывает нам мультики про ядерные ракеты?..

Агрессивная риторика — скорее, часть информационной войны, а вот практически или политически увеличение ядерного потенциала не имеет никакого смысла, уверен Павел Подвиг:

Привести к увеличению количества ядерного оружия этот процесс может, но точно не драматически. В США тоже есть люди, которые хотели бы увеличить количество своих боезарядов. Они будут кивать в том числе и на угрозу со стороны Китая. Конечно, можно ожидать ухудшение ситуации и ряд плохих решений, но я не думаю, что это можно будет назвать гонкой вооружений в том смысле, в котором это понималось в 1960–1970-е годы. Я почти уверен, что руководство России будет говорить, что наши стратегические силы мощны и у нас есть все, что нужно. Ресурсов для какой-то реальной гонки у страны не то чтобы много. Есть определенный запас боезарядов для развертывания, но он не очень большой, и практического смысла в этом тоже нет.

10

То есть новой гонки вооружений не будет?

У экспертов разные мнения. Руководитель Центра международной безопасности ИМЭМО РАН Алексей Арбатов считает, что крах ДСНВ позволит США при желании за несколько лет «с минимальными затратами удвоить и даже утроить численность своих стратегических ядерных боезарядов», а затем вести обновление ядерных сил «при полной свободе рук»:

Каждая сторона будет исходить из худшего варианта и закладываться по максимуму. Начнется неконтролируемая, неограниченная гонка вооружений. Мало того, что она будет исключительно затратной, но помимо всего прочего будет увеличиваться угроза войны. Если бы у нас не было договора, то происходящее сейчас на Украине, вполне вероятно, уже подвело бы нас вплотную к грани ядерной войны. <...> Мы постепенно потеряем четкое представление о потенциале противника, а противник — о нашем потенциале, и вернутся страхи перед внезапным разоружающим ударом. А в случае какого-либо кризиса и прямого военного конфликта появится стимул опередить противника. Ведь как президент России говорил, чему научила его питерская улица?

Корреспондент Би-би-си Павел Аксенов, специализирующийся на вооружениях, также говорит, что после «приостановки» договора стороны перестанут контролировать друг друга. Это не приведет к немедленному началу гонки ядерных вооружений, но со временем «представления об угрозе будут все более и более призрачными, а представление о необходимой мощности собственного арсенала — все более завышенными».

При этом Павел Подвиг возражает, что динамика гонки вооружений — очень сложный процесс:

Он обусловлен совсем не вычислениями, у кого больше боезарядов. Такого, чтобы какая-то из сторон вдруг решила, что ей нужно вдвое больше ракет, точно не будет. При том количестве зарядов, которое есть у России и США уже сейчас, дальнейшее наращивание имеет только символический смысл.

11

А что насчет ядерных испытаний, про которые говорил Путин, — США могут решиться на них первыми?

Вряд ли такое случится.

Если не считать нескольких незаконных испытаний КНДР, последний крупный ядерный взрыв в мире произошел в 1998 году — тогда свое оружие тестировал Пакистан. Последнее ядерное испытание в США провели 23 сентября 1992 года.

В 1996 году был принят Договор о всеобъемлющем запрещении ядерных испытаний. Его подписали 185 государств, из которых 170 ратифицировали. Среди них три ядерные державы — Великобритания, Франция и Россия, при этом только Франция закрыла и демонтировала в 1990-х годах все свои тестовые полигоны. Другие ядерные державы, в том числе США, не ратифицировали договор, из-за чего он так и не вступил в силу (но испытания при этом не проводятся никем, кроме КНДР).

Так или иначе, РФ планирует по-прежнему уведомлять США о пусках межконтинентальных баллистических ракет и баллистических ракет подводных лодок — такое обязательство сохранится благодаря другому соглашению 1988 года между СССР и США.

12

США теперь тоже не будут соблюдать условия договора?

Пока что официальные лица не делали таких заявлений, но госсекретарь США Энтони Блинкен назвал решение Владимира Путина «крайне безответственным и разочаровывающим».

Эксперт по проблемам ядерной безопасности Андрей Баклицкий отмечает, что до официального выхода из договора США все еще могут отправлять России информацию о количестве вооружений. Больше того, такое уже случалось — когда Москва в 2007 году приостановила участие в Договоре об обычных вооруженных силах в Европе, США продолжали делиться с РФ данными. «Но я все же сомневаюсь, что так случится», — пишет Баклицкий.

Для окончательного выхода США из ДСНВ такое решение должен принять президент Джо Байден. Некоторые исследователи считают, что он также должен получить одобрение конгресса, но Дональд Трамп денонсировал Договор о ликвидации ракет средней и меньшей дальности и вышел из Всемирной организации здравоохранения (ВОЗ) без разрешения законодателей.

13

Для приостановки российского участия в договоре нужно только решение Путина?

Нет, нужно соблюсти еще кое-какие формальности.

Федеральный закон о международных договорах РФ разрешает президенту в исключительных случаях («требующих принятия безотлагательных мер») временно приостановить действие договора, ранее ратифицированного парламентом.

Но эта приостановка в дальнейшем должна быть подтверждена новым федеральным законом. И если парламент откажется его принимать, то договор автоматически возобновит свое действие.

Госдума и Совет Федерации соберутся на внеплановое заседание 22 февраля. По данным источника РИА Новости, в повестке будет в том числе вопрос о приостановке ДСНВ. При этом Владимир Путин уже внес соответствующий документ в Госдуму и назначил заместителя министра иностранных дел Сергея Рябкова своим официальным представителем на время заседания.

14

Россия может вернуться к участию в договоре?

Если верить официальным заявлениям российских властей, то да. В МИДе сообщили, что приостановка договора может быть обратимой. Для этого США должны будут «проявить политическую волю, добросовестно предпринять попытки деэскалации и создать условия для функционирования договора».

В свою очередь, Путин заявил, что, прежде чем вернуться к обсуждению договора, нужно «понять, как учитывать стратегические арсеналы» двух других членов НАТО — Великобритании и Франции. Они «совершенствуются, развиваются и тоже направлены против нас», заявил президент РФ.

15

Потенциальная угроза со стороны союзников США действительно велика?

Скорее, нет. «С точки зрения количества боезарядов те вооружения, которые есть у Великобритании и Франции, не играют никакой практической роли», — считает Павел Подвиг.

Вопрос ядерных арсеналов Великобритании и Франции поднимался еще во время переговоров между СССР и США в 1981 году. Советский Союз тогда впервые обогнал НАТО по количеству ядерного оружия, но был готов сократить его до уровня арсенала альянса. Однако американская сторона настаивала на учете только советских и американских средств. Это стало одной из существенных проблем во время переговоров — в том числе из-за нее стороны не смогли тогда договориться. От своих требований к НАТО СССР отказался только в ходе советско-американской встречи в Рейкьявике, состоявшейся в октябре 1986 года.

«Формально все понимают, что включить Великобританию и Францию в какие-то российско-американские договоры нереально. Я совершенно убежден, что если процесс контроля вооружений возобновится, то это снова будет работать на двусторонней основе, между Россией и США», — говорит Подвиг.

Источник: https://meduza.io/cards/rossiya-priostanavlivaet-uchastie-v-dogovore-s-ssha-ob-ogranichenii-yadernyh-arsenalov-nas-zhdet-novaya-gonka-vooruzheniy-a-to-i-chto-nibud-pohuzhe

- Обоснуйте точку зрения России и точку зрения США относительно участия договора об ограничении ядерных арсеналов. Приведите аргументы в пользу сохранения договора. Приведите аргументы в пользу выхода из договора об ограничении ядерных арсеналов.
- Считает ли автор, что мир на пороге новой гонки вооружений?
- Каких последствий стоит ожидать в связи с приостановкой России участия в договоре с США об ограничении ядерных арсеналов?

Задание 5. Послушайте и прочитайте статью.

ЧВК НЫНЧЕ В ОПАЛЕ.

Дмитрий Дризе — о регулировании частных военных компаний.

Решения нет, есть обсуждение, оно будет продолжаться — таков официальный комментарий Кремля. Также незаметно, чтобы Госдума проявляла большой энтузиазм, немедленно отложила все дела и занялась бы этим вопросом. Хотя в нижней палате есть ряд законопроектов на тему регулирования деятельности частных военных компаний.

Понять причину такого положения дел особого труда не составляет. Не хочется сейчас об этом говорить — ЧВК нынче в опале. С глаз долой — из сердца вон. Вот улягутся страсти, успокоится ситуация, тогда теоретически можно и обсудить. Если, конечно, возникнет такая необходимость. Впрочем, нужно ли это? Ведь ясно сказано: заключите контракты с Минобороны, технику сдайте и служите дальше. Что-то такое создается в Белоруссии. Но в данном случае к делу это отношения не имеет.

Собрав воедино все юридические познания, несложно прийти к выводу, что суть ЧВК в том, что это именно частная военная компания, а не частная армия с отдельным командованием и бронетехникой. А если так, то должен быть юридический адрес, бухгалтерия, налоги нужно платить. Иными словами, ЧВК должны иметь все то, что присуще субъектам хозяйственной деятельности. Именно так работают коллеги из частных охранных предприятий. По крайней мере, должны так работать по закону.

Но почему-то так не происходит. Для справки: законопроект фракции «Справедливая Россия — За правду» вносился — внимание — аж четыре раза (в 2012, 2014, 2015 и 2018 годах). Его суть в том, что деятельность ЧВК подлежит лицензированию, и руководит всем этим Министерство обороны. Оно же определяет круг обязанностей — направляет, распределяет.

Казалось бы, что может быть проще? Так возьмите и примите, у нас это быстро делается — сутки и готово. О чем здесь, собственно, дискутировать? Но вот приходится уже в который раз озвучивать прописные истины. Прозрачность любой деятельности — это гарантия, страховка от правонарушений или, того хуже, чрезвычайных событий.

Но нет. Все профильные ведомства все четыре раза были против, и сейчас тоже заметно, что нет особого желания все это рассматривать. Честно говоря, непонятно, зачем собственными руками создавать себе же проблемы, причем серьезные. Это ведь не только ЧВК касается. Положа руку на сердце, ведь часто такое случается: физически предприятие есть, а по документам его как бы и нет. Но тогда нечего удивляться, что где-то миллиард-другой потерялся. Кажется, что уже никто и не удивляется.

Но, как бы наивно это ни звучало, порядок нужен. Его отсутствие отрицательно сказывается на поступательном движении государства к большим свершениям. Нынче каждый школьник знает: теневая экономика — это плохо. Но вот вроде бы победили это зло. Однако если вдруг в тени оказываются военные компании — это из ряда вон выходящий случай. И вот так и лезут в голову крамольные мысли: значит, все это кому-то выгодно. А если так, пришло время все исправить ради общего-то блага и как минимум ускорить обсуждение сути проблемы, дабы не тянуть и вывести ЧВК из тени к свету.

Источник: https://www.kommersant.ru/doc/6083636

- Почему автор считает, что ЧВК находится в опале?
- Как можно перевести ЧВК из теневой сферы в законную?

Задание 6. Послушайте и прочитайте статью.

«ПЕКИН СУДИТ О ВАШИНГТОНЕ НЕ ПО СЛОВАМ, А ПО ДЕЛАМ».

В Пекин прилетела американская делегация во главе с помощником госсекретаря по делам Восточной Азии и Тихого океана Дэниелом Критенбринком. Цель визита — прояснить, а по возможности нормализовать, сделать более предсказуемыми отношения с Китаем. Необходимость в этом действительно возникла.

Конфликт между двумя самыми мощными в экономическом плане державами начинает приобретать опасные формы.

На прошлой неделе произошли сразу два военных инцидента. Вначале китайский истребитель совершил, как утверждает Пентагон, «агрессивный маневр» вблизи американского самолета-разведчика над Южно-Китайским морем. А затем корабль Военно-морских сил КНР приблизился на расстояние менее 150 м к американскому эсминцу в Тайваньском проливе, рискуя спровоцировать столкновение.

Как убеждены в Вашингтоне, инициатором обострения в обоих случаях был Пекин. Там, где в прежние времена, в более спокойной международной обстановке, все проходило гладко, теперь каждый раз возникает риск. Китай не только не избегает столкновения — складывается впечатление, что он иногда специально ищет его, как бы давая понять американцам: это наши территориальные воды, зона наших особых интересов, вы здесь чужие, привыкайте к тому, что вы больше не будете чувствовать себя здесь вольготно.

И еще один тревожный сигнал: контакты между властями двух государств в последнее время сведены к минимуму. Отложены на неопределенный срок готовившиеся визиты в Пекин госсекретаря Энтони Блинкена, а также министров финансов и торговли. А на днях в Сингапуре так и не состоялась встреча находившихся там на международной конференции министров обороны Китая и США, несмотря на настойчивые просьбы Пентагона.

На этом фоне неудивительно, что максимально возможным уровнем контактов стала поездка в Китай помощника госсекретаря. Дипломатическая рутина, не более того. Серьезные решения, которые могли бы разблокировать отношения, на таком уровне не принимаются.

В чем причина нынешнего кризиса? Вроде бы на словах представители администрации Байдена стараются не провоцировать Китай, делают примирительные заявления. Но в Пекине, похоже, решили судить не по словам, а по делам. А в том, что касается дел, ситуация выглядит отнюдь не безоблачно. Медленно, но неумолимо Вашингтон создает в регионе сеть антикитайских альянсов, вовлекая туда не только своих традиционных союзников — Японию, Южную Корею, Австралию, но и такие страны, как Индия, Вьетнам, Филиппины. Под давлением США китайский бизнес вытесняют из Европы.

Попытки Пекина выстроить транспортные, логистические маршруты вызывают ожесточенное противостояние Вашингтона. Особенно это касается стран Африки и Азии, которые Китай планирует включить в свой амбициозный проект «Один пояс, один путь». Американцы пытаются убедить власти этих государств изменить позицию, как недавно это сделала Италия — глава ее правительства Джорджа Мелони прислушалась к доводам Вашингтона и объявила о выходе из «Одного пояса, одного пути».

То, что происходит сегодня в американо-китайских отношениях, иногда напоминает отношения американо-российские. Не сейчас, а три-пять-десять лет назад, когда на словах США заявляли о деэскалации, перезагрузке, необходимости сотрудничества, а на деле затягивали на шее Москвы экономическую петлю, вытесняя ее с европейского энергетического рынка, препятствуя строительству «Северного потока-2», вводя санкции, пусть и не столь тотальные, как сегодня, но весьма болезненные.

К чему это привело, мы наблюдаем сейчас. Копившееся недовольство, обида, разочарование, ожесточение вылились в украинский конфликт, во многом ставший российско-американской гибридной войной.

Источник: https://www.kommersant.ru/doc/6028362?query=%D0%BE%D0%B1%D0%BE%D1%80%D0%BE%D0%BD%D0%B0

- По какой причине автор полагает, что конфликт между двумя самыми мощными в экономическом плане державами начинает приобретать опасные формы?
- В чём причина кризиса в отношениях между Китаем и США?
- Почему автор проводит параллель между отношениями России и США и Китая и США?

Задание 7. Послушайте и прочитайте статью.

ЗАРУБЕЖНЫЕ СМИ: КАКИМИ БУДУТ ПОСЛЕДСТВИЯ УТЕЧКИ ДАННЫХ ПЕНТАГОНА?

Сотню секретных документов, вероятно, слил в Сеть младший сотрудник Нацгвардии Джейк Тейшера. Bloomberg называет его «подмастерье по кибертранспортным системам». Если уж у него есть доступ к таким файлам, то у кого нет, задается вопросом агентство. По данным Национального центра контрразведки и безопасности, по состоянию на 2019 год к закрытым папкам было допущено почти 3 млн человек. Система массового обмена документами между различными службами США была разработана после терактов 11 сентября 2001 года. Идея заключалась в том, что широкое распространение разведданных должна помочь предотвратить новую атаку, пояснило агентство.

После слива весь мир увидел конфиденциальные слайды брифингов о Китае, Ближнем Востоке, России, Украине... Но реакция была довольно сдержанной. Просто все привыкли к несанкционированному раскрытию информации, полагает Bloomberg. После громкого разоблачения, которое устроил сотрудник АНБ Эдвард Сноуден 10 лет назад, были еще десятки мелких сливов, которые говорят о пробелах в системе безопасности США.

Reuters отмечает, что даже в самом Вашингтоне не сразу отреагировали на новый слив. Тейшейра арестовали только через неделю после того, как об утечках стало широко известно, а сами публикации появились в Сети еще в январе. Этот эпизод поставил США в неловкое положение, раскрыв слежку за собственными союзниками, включая Израиль, Южную Корею, Турцию, Великобританию... Несколько стран предпочли заявить о том, что в слитых файлах много неточных и недостоверных данных.

Болезненнее других отреагировала Украина. Politico отмечает, что гнев Киева связан не столько с оценкой украинской военной готовности или с выявленной нехваткой вооружений, сколько с пессимизмом в отношении шансов страны вернуть контроль над значительными территориями. Публично украинские власти заявляют о несущественности утечек и о том, что отношениям с Америкой они не повредят.

Источник: https://www.kommersant.ru/doc/5938258?query=%D0%BE%D0%B1%D0%BE%D1%80%D0%BE%D0%BD%D0%B0

- На Ваш взгляд, в чём преимущества и риски широкого обмена разведданными между различными службами?
- Какие случаи указывают на проблемы в системе безопасности США?

Задание 8. Послушайте и прочитайте статью.

«ПЕРЕЖИВАЮТ СОСЕДИ ЗА СВОЮ БЕЗОПАСНОСТЬ»

Дмитрий Дризе — о принятии Финляндии в Североатлантический альянс

Генсек НАТО Йенс Столтенберг назвал наступившую рабочую неделю исторической. Финляндия официально становится 31-м членом Североатлантического альянса. И произойдет это в день рождения блока. 4 апреля 1949 года был подписан Вашингтонский договор между странами Северной Америки и Северной Европы о коллективной обороне.

Нельзя сказать, что предусмотрены какие-то большие торжества, однако и так понятно, что для руководства альянса это событие знаменательное и во всех отношениях приятное. Ведь относительно недавно НАТО было на пороге распада, доказывало свою нужность, но вот, по сути дела, переживает второе рождение — ренессанс.

Как бы то ни было, отныне граница вражеского военного блока пролегает в 148-ми километрах от Северной столицы России. МИД Российской Федерации отреагировал спокойно: будем укреплять военный потенциал на северо-западе страны. Что еще остается делать? Бомбить Хельсинки пока вроде бы никто не призывает, и на том спасибо.

У нас нынче такие времена, что чуть ли не каждый день уходит эпоха. Вот очередной повод — на этот раз мы провожаем нашего большого капиталистического друга. Теперь он таковым уже не является. Столько лет дружили, мы к ним за продуктами на маршрутках ездили — они к нам за водкой. Отдых на озерах... Сапоги финские — признак советского достатка. Впрочем, все это, конечно же, не главное.

Опять возникают неправильные вопросы: как же так происходит, что мы боремся-боремся, а НАТО все ближе и ближе?

И ответа подходящего как бы и не находится. И второй момент: а он — альянс — точно такой страшный? Вот, например, страны бывшей советской Прибалтики давно уже там. И ничего — не нападают пока что. Более того, кажется, что они нас совсем не боятся. И даже тактическое ядерное оружие в Белоруссии их особо не беспокоит.

Хотя, с другой стороны, это же плохо, когда тебя боятся — это не равно уважению. Бывает, что просто хочется отгородиться большим забором, отодвинуться подальше. Это мы сейчас и видим в буквальном и переносном смысле. НАТО — тот же забор, стена. Переживают соседи за свою безопасность.

Что же дальше? На очереди Швеция. Относительно ее вступления сомнений практически нет. В июле НАТО проведет саммит в Вильнюсе в непосредственной близости от российских границ. Это будет показательное дейcтво — сплочение западного мира перед лицом российской угрозы.

И, наверное, следует ждать новой системы безопасности — более совершенной, чем сейчас. Стена между нами становится все толще буквально с каждым днем, но не стоит жалеть. Посмотрите на этот многогранный мир — он такой большой и интересный: Азия, Африка, Ближний и Дальний Восток. Такие горизонты открываются. Так что нет повода для грусти — будем радоваться. Что еще остается?

Источник: https://www.kommersant.ru/doc/5913514?query=%D0%BE%D0%B1%D0%BE%D1%80%D0%BE%D0%BD%D0%B0

- Почему, по мнению автора, НАТО переживает ренессанс?
- Определите тон автора.

7.2 Ready, Set, Speak! ОБОРОНА И БЕЗОПАСНОСТЬ.

Языковые средства

- Относительно …
- Возникает вопрос …
- Хотя …
- Как бы то ни было …
- Эксперты отмечают, что ..
- По данным …
- Как убеждены сторонники …
- Как бы наивно это ни звучало …
- При этом …
- С точки зрения национальной безопасности …
- Критики считают, что …
- В числе прочего …
- Все-таки проще было бы …
- Тревогу вызывает …
- Впрочем …
- Ожидалось, что …
- Планировалось, что …
- Нет никаких сомнений, что …
- Первым делом …
- В связи с быстрым ухудшением ситуации …
- Честно говоря …
- Помимо того, что …

Ключевая лексика

- безопасность
- оборона
- военный
- армия
- вооружение
- государственная безопасность
- терроризм
- военная база
- конфликт
- геополитика
- подразделение специального назначения
- постановка на воинский учет
- военная стратегия
- ракетная оборона
- территориальная целостность
- шпионаж
- кибербезопасность
- военная операция
- военная разведка
- антитеррористические мероприятия
- военные учения
- разоружение
- военный бюджет
- безопасность границ
- геополитическая напряженность
- союзник
- поражение
- борьба
- оккупация
- захват власти
- обеспечение безопасности
- ПВО - противовоздушная оборона
- ВКС - воздушно-космические силы
- ВМФ - военно-морской флот
- баллистическая ракета
- истребитель
- спецназ
- подводная лодка
- мишень
- арсенал вооружений
- ход боя

- нанести мощный удар
- удар по движущимся целям
- стратегические крылатые ракеты воздушного базирования
- гриф секретности
- зенитно-ракетный комплекс
- высокоточное оружие большой дальности
- самолеты стратегической авиации
- военная тайна
- ядерный арсенал
- договор о стратегических наступательных вооружениях (ДСНВ)
- бронетехника
- территориальные воды
- гибридная война

«Оборона и безопасность»: главные тезисы по теме

- В 21 веке человечество сталкивается как с войнами в традиционном их понимании, так и с кибератаками, дезинформацией, терроризмом и гибридными военными операциями. Кибератаки на государственные системы, критическую инфраструктуру и корпорации представляют серьезную угрозу для безопасности. Зависимость от информационных технологий создает риски для кибербезопасности, включая хакерские атаки, кибершпионаж и киберсаботаж.
- Террористические группировки в 21 веке используют социальные сети, онлайн-коммуникации и киберпространство для вербовки, планирования и осуществления террористических актов. Угроза террористических актов остается высокой, особенно в контексте глобального терроризма и радикализации.
- Возрастает опасность распространения оружия массового поражения, включая ядерное, химическое и биологическое оружие.
- Глобализация и новый геополитический ландшафт создают новые риски для обороны и национальной безопасности. Распределение власти, соперничество за ресурсы и влияние, конфликты интересов между государствами — все это формирует современную геополитическую картину. Гибридные методы борьбы, такие как дезинформация, вмешательство в выборы и использование пропаганды, могут оказывать значительное влияние на политическую стабильность и безопасность государств.

Фразеологизмы

- политическое болото
- под дулом пистолета (автомата)
- театр военных действий
- сводить/свести с ума

> По мнению американского экономиста Нуриэля Рубини, мир находится на грани Третьей мировой войны.

> Многие критикуют Россию и Украину за то, что они используют солдат как пушечное мясо.

- пушечное мясо
- на грани войны

Прилагательные

Вооружение *какое?* Ядерное, мощное, стрелковое, новейшее, ракетное, защитное, наступательное, армейское, устаревшее.

Конфликт *какой?* внутренний, военный, вооружённый, межнациональный, политический, открытый, острый, ядерный, религиозный.

Безопасность *какая?* Государственная, национальная, внутренняя, информационная, финансовая, компьютерная, энергетическая.

Факты и информация

НАТО — это политико-военный союз, созданный в 1949 году с целью коллективной безопасности и обороны своих членов. Основные принципы НАТО заключаются в обеспечении коллективной защиты и солидарности между ее членами. В настоящее время НАТО объединяет 30 государств-членов, включая США, Канаду, большинство стран Европы. Согласно статье 5 Североатлантического договора, нападение на одного члена НАТО рассматривается как нападение на всех, и союзные страны обязуются оказать солидарную поддержку и защиту. НАТО разрабатывает и реализует планы коллективной обороны, включая военную подготовку, совместные учения и размещение военных сил на территориях союзных государств.

"Искандер" — это российская тактическая ракетная система, разработанная для доставки ударных боеприпасов на небольшие и средние расстояния. Она представляет собой комплекс с мобильными ракетными системами, включающий ракеты, пусковые установки, средства наведения и контроля, а также сопутствующую инфраструктуру. Дальность полета ракет "Искандер" составляет около 500 км. "Искандер" обладает высокой маневренностью во время полета, что делает его сложной целью для противовоздушной обороны противника. Ракета способна изменять траекторию полета и применять активные меры самозащиты. "Искандер" обладает высокой скоростью и способностью быстро развернуться, навести и выпустить ракету. Это позволяет системе реагировать оперативно на изменяющуюся обстановку и быстро наносить удары по целям.

Вопросы для обсуждения

1) Какие угрозы существуют в сфере обороны и безопасности в 21 веке?
2) Какие изменения произошли в подходах к обороне и безопасности с появлением новых технологий?

3) Вы считаете, что кибервойны более или менее опасны, чем традиционные войны?
4) Какие механизмы существуют для международного сотрудничества в области обороны и безопасности?
5) Какие новые технологии (например, искусственный интеллект, автономные системы, квантовые вычисления) влияют на государственную безопасность?
6) Каковы риски использования дронов и беспилотных систем в военных операциях?
7) Какова роль разведывательных операций и сбора информации в обеспечении национальной безопасности?
8) Какие этические вопросы возникают в контексте современной обороны и безопасности?
9) Какие инновации в сфере вооружений и систем безопасности могут повлиять на геополитическую ситуацию в мире?
10) По Вашему мнению, какие меры необходимо предпринимать, чтобы избежать применения ядерного оружия?
11) По Вашему мнению, следует запретить или легализовать работу ЧВК?

ИСТОЧНИКИ

https://create.vista.com/unlimited/stock-photos/178406622/stock-photo-beautiful-landscape-view-mountains-lake/

FREEDOM. (2023). Путин убивает свободу слова в РФ. Факты. https://www.youtube.com/watch?v=BM1lbM9dGHE&t=47s

LiveJournal. (2020). Свобода в мире – 2020. https://storm100.livejournal.com/7599068.html

NTV. (2023). Массовая потеря разума: чем для планеты опасно быстро стареющее население. https://yandex.ru/video/preview/11719959225774986737

RBC. (2013). Стареющая планета: число пенсионеров угрожает мировой экономике. https://www.rbc.ru/economics/23/08/2013/57040e499a794761c0ce0f23

Science Daily. (2023). 42 спутника запущены с космодрома Восточный. https://www.youtube.com/watch?v=d61iZVQP6ps

WAS: Популярная история. (2022). Оружие для гражданских: история разрешений и запретов. https://www.youtube.com/watch?v=kvcfaEESGHo

Аргументы и факты. (2023). Голикова: в России от 35 до 45 млн человек страдают ожирением. https://aif.ru/society/healthcare/golikova_v_rossii_ot_35_do_45_mln_chelovek_stradayut_ozhireniem

Юдина, Л. (2023). Вкалывают роботы. Когда в каждой поликлинике будет искусственный интеллект? https://aif.ru/health/life/vkalyvayut_roboty_kogda_v_kazhdoy_poliklinike_budet_iskusstvennyy_intellekt

Года, М. (2023). ИИ изменит ход войны, а треть вооруженных сил США будет роботизирована, – Марк Милли. https://24tv.ua/tech/ru/iskusstvennyj-intellekt-i-robototehnika-izmenjat-armiju-ssha-do-neuznavaemosti_n2345664

Грей, Р. (2017). Не бойтесь искусственного разума, он нас спасет. https://www.bbc.com/russian/vert-fut-41308086

Дзен. (2019). Свобода слова - что это значит? https://dzen.ru/media/prsvt_ru/svoboda-slova-chto-eto-znachit-5d08de84f7340a00afa3d673

Дридзе, Д. (2023). «Новую космическую гонку сейчас мы вряд ли потянем». https://www.kommersant.ru/doc/5513618?query=%D0%BA%D0%BE%D1%81%D0%BC%D0%BE%D1%81

Дридзе, Д. (2023). «Переживают соседи за свою безопасность». https://www.kommersant.ru/doc/5913514?query=%D0%BE%D0%B1%D0%BE%D1%80%D0%BE%D0%BD%D0%B0

Иванова, А. (2022). "Репортеры без границ": В России отменили свободу прессы. https://www.dw.com/ru/reportery-bez-granic-v-rossii-otmenili-svobodu-pressy/a-61664526

Когаловский, В. (2022). Модель на вырост: как изменится здравоохранение после пандемии COVID-19. https://medvestnik.ru/content/articles/Model-na-vyrost-kak-izmenitsya-zdravoohranenie-posle-pandemii-COVID-19.html?ysclid=littz1x8l232948007

Кожемякин, В. (2022). Осчастливленные насильно. ИИ «улучшит» человека против его воли. https://aif.ru/society/science/oschastlivlennye_nasilno_ii_uluchshit_cheloveka_protiv_ego_voli

Коммерсантъ. (2023). Зарубежные СМИ: Какими будут последствия утечки данных Пентагона? https://www.kommersant.ru/doc/5938258?query=%D0%BE%D0%B1%D0%BE%D1%80%D0%BE%D0%BD%D0%B0

Коммерсантъ. (2023). Путин: показатели экономики РФ оказались выше ожидаемых. https://www.kommersant.ru/doc/6083636

Макеев, А. (2022). Нобелевский лауреат со славой пророка считает, что Третья мировая уже идет. https://aif.ru/society/opinion/nobelevskiy_laureat_so_slavoy_proroka_schitaet_chto_tretya_mirovaya_uzhe_idet

Манела, М. (2023). При приеме на работу начали использовать ChatGPT. Как это повлияет на вас. https://www.vesty.co.il/main/opinions/article/r18z9hkyh

Медуза. (2023). Подводим итоги первого года санкций для российского рынка лекарств. Понятное дело, что печальные — но не катастрофические. https://meduza.io/feature/2023/02/27/podvodim-itogi-pervogo-goda-sanktsiy-dlya-rossiyskogo-rynka-lekarstv-ponyatnoe-delo-chto-pechalnye-no-ne-katastroficheskie?ysclid=litu3li2y5972684942

Медуза. (2023). Россия приостанавливает участие в договоре с США об ограничении ядерных арсеналов. Нас ждет новая гонка вооружений? А то и что-нибудь похуже? https://meduza.io/cards/rossiya-priostanavlivaet-uchastie-v-dogovore-s-ssha-ob-ogranichenii-yadernyh-arsenalov-nas-zhdet-novaya-gonka-vooruzheniy-a-to-i-chto-nibud-pohuzhe

ООН. (n.d.). В ООН предлагают конкретные меры для поддержки стареющего населения планеты. https://news.un.org/ru/story/2023/01/1436567

Петрова, Е. (2023). Сомнения постфактум: после окончания пандемии ВОЗ признала вред прививок от ковида. https://2goroda.ru/infobar/somneniya-postfaktum-posle-okonchaniya-pandemii-voz-priznala-vred-privivok-ot-kovida

Потапов, И. (2023). Virgin Galactic объявила дату начала коммерческих полетов SpaceShipTwo. https://lenta.ru/news/2023/06/27/vg/

Потапов, И. (2023). Китай запустил экспериментальный спутник Shiyan-25. https://lenta.ru/news/2023/06/20/shiyan25/?ysclid=ljh816ibxu21775768

Радио Свобода. (2023). SIPRI: США и Россия нарастили число развёрнутых ядерных боеголовок. https://www.svoboda.org/a/sipri-ssha-i-rossiya-narastili-chislo-razvyornutyh-yadernyh-boegolovok/32455121.html

РИА Новости. (2015). Цензура в интернете. Мировой опыт. https://ria.ru/20150312/1052129158.html?ysclid=lje7430noj420853909

Седов, В. (2023). «Роскосмос» заявил о грядущем подписании соглашения со странами Африки. https://lenta.ru/news/2023/06/25/dsc/

Сизов, И. (2023). Частная космонавтика как предчувствие. https://www.kommersant.ru/doc/5773570?ysclid=ljh8yofqyf799952691

Харари, Н. (2023). Профессор Харари: искусственный интеллект может уничтожить человечество. https://www.vesty.co.il/main/opinions/article/bywj8ydnh

Шуман, Е. (2020). Жизнь после ковида. Как здравоохранение округа возвращается к обычной жизни. https://ugra.aif.ru/health/healths/zhizn_posle_kovida_kak_zdravoohranenie_okruga_vozvrashchaetsya_k_obychnoy_zhizni?ysclid=litu09vgm35963584

Юсин, М. (2023). «Пекин судит о Вашингтоне не по словам, а по делам». https://www.kommersant.ru/doc/6028362?query=%D0%BE%D0%B1%D0%BE%D1%80%D0%BE%D0%BD%D0%B0

Аудио и видео материалы к учебному пособию

Аудио: Евгений Пивоваров, Элеонора Кирпичникова

https://rb.gy/y149f

Copyright © 2023 by Eleonora Kirpichnikova

All rights reserved.

Title: Conversational Confidence: a Russian Speaking Exam Prep Course (part 2)

Author: Eleonora Kirpichnikova

2023

ISBN: 978-1-969191-07-7

Учебное издание
Кирпичникова Элеонора

Conversational Confidence: A Russian Speaking Exam Prep Course

Учебное пособие по русскому языку для студентов, изучающих русский язык. Продвинутый уровень.

Наши сайты:

Tesoro Language Center www.tesorolc.com

Interesting Russian www.interestingrussian.com

https://www.youtube.com/@interestingrussian

www.ingramcontent.com/pod-product-compliance
Lightning Source LLC
Chambersburg PA
CBHW040741300426
44111CB00027B/3001